LOISIRS

SÉRIEUX ET FUTILES

COMPOSÉS DE

La Barbe, satire.
Un Voyage de plaisir, poëme comique.
Les deux Statues, fable.
Anecdotes, **Naïvetés**, **Chansons**, **Anagrammes**,
Charades, **Énigmes**, **Logogriphes**,

PAR

ALEXANDRE GOSSART,

Membre de plusieurs Sociétés savantes, ancien professeur à l'Athénée royal et à l'Athénée de Richelieu, l'un des rédacteurs du *Journal encyclopédique* sous la direction de B. Lunel, etc., etc.

Prix : 1 fr. 25 c.

PARIS

GARNIER FRÈRES, ÉDITEURS-LIBRAIRES

PALAIS-ROYAL, 215, ET RUE DES SAINTS-PÈRES, 6.

ÉTAMPES, CHEZ LES LIBRAIRES.

1857

LOISIRS

SÉRIEUX ET FUTILES

ÉTAMPES. — IMPRIMERIE DE AUG. ALLIEN.

LOISIRS

SÉRIEUX ET FUTILES

COMPOSÉS DE

La Barbe, satire.
Un Voyage de plaisir, poème comique.
Les deux Statues, fable.
Anecdotes, **Naïvetés**, **Chansons**, **Anagrammes**,
Charades, **Énigmes**, **Logogriphes**,

PAR

ALEXANDRE GOSSART,

Membre de plusieurs Sociétés savantes, ancien professeur à l'Athénée royal et à l'Athénée de Richelieu, l'un des rédacteurs du *Journal encyclopédique* sous la direction de B. Lunel, etc., etc.

Prix : 1 fr. 25 c.

PARIS

GARNIER FRÈRES, ÉDITEURS-LIBRAIRES

PALAIS-ROYAL, 215, ET RUE DES SAINTS-PÈRES, 6.

ÉTAMPES, CHEZ LES LIBRAIRES.

1857

PRÉFACE.

Les pièces principales de cet opuscule ont été composées à diverses époques, dans des instants de loisirs, à titre de distractions, et inspirées presque toujours par des circonstances du moment. Quelques-unes sont restées longtemps en portefeuille, car elles n'étaient pas destinées à la publicité, et devaient encore moins faire partie d'un recueil; mais des amis auxquels elles avaient été communiquées, ayant insisté pour en avoir des exemplaires, je me suis décidé à les réunir dans une brochure.

Parmi les Anagrammes, Charades, Énigmes et Logogriphes qui y sont renfermés, il en est qui ont déjà été imprimés dans le journal l'*Abeille*, d'Étampes ; les autres sont entièrement inédits.

Je sais que beaucoup de personnes attachent peu d'importance à ces productions ; mais on en trouve aussi fréquemment qui s'en amusent, et comme ces sortes de distractions ne présentent aucun inconvénient, qu'elles sont au contraire utiles aux jeunes gens pour les exercer à la réflexion, j'ai pensé qu'il ne serait pas hors de propos de les ajouter aux autres morceaux.

C'était d'ailleurs un moyen facile de répandre de la variété dans ce petit livre, et j'ai cru devoir en profiter pour me conformer au précepte de Boileau, lorsqu'il dit :

Heureux qui dans ses vers sait d'une voix légère
Passer du grave au doux, du plaisant au sévère.

GOSSART.

TABLE.

PIÈCES DIVERSES.

ANAGRAMMES.

CHARADES.

ÉNIGMES.

LOGOGRIPHES.

LOISIRS

SÉRIEUX ET FUTILES.

LA BARBE.

SATIRE.

> *Me... jussit sapientem pascere barbam,*
> Il me conseilla de laisser croître ma barbe, attribut des sages.
>
> HORACE, *Satires.*

> Le ciel avec la barbe a voulu nous former,
> C'est lui faire un affront que de la supprimer.

ALEXANDRE.

Eh ! bon jour, Alexis, je te revois enfin ;
Te voilà de retour d'un voyage lointain ;
Tu dois avoir beaucoup, j'en suis sûr, à m'apprendre.

ALEXIS.

Oui, nous en parlerons ; mais, mon cher Alexandre,
J'ai peine à revenir de mon étonnement :
As-tu donc le projet de garder constamment
Ta barbe, qui bientôt couvrira ton visage?

1

Si la mode est ainsi, je blâme cet usage;
Outre qu'il me paraît manquer de propreté,
Je trouve qu'il est loin d'accroître la beauté.

ALEXANDRE.

La mode, me dis-tu, j'y tiens peu, je t'assure,
Et dans mes actions j'observe la nature;
La raison, sans effort, nous enseigne ses lois,
Et nous y conformer est un devoir, je crois.
N'est-ce pas au bon sens faire un sanglant outrage
Que de suivre en aveugle un ridicule usage?
Les bords de nos chapeaux étaient grands autrefois,
Et tous ceux d'aujourd'hui n'ont que des bords étroits;
Pendant six mois au plus nous verrons cette forme,
Et puis nous trouverons, ô sublime réforme!
La coiffure embellie avec un bord plus grand.
Notre toilette ainsi se perfectionnant,
Nous fournit tour à tour des habits où la gêne
Du large à l'étriqué sans cesse nous ramène.

La propreté, dis-tu, veut que l'on soit rasé;
C'est ce que je conteste. Est-il plus malaisé,
Dans les soins que chacun accorde à sa personne,
De rendre, avec la barbe, une ablution bonne,
Que de la pratiquer sur un visage nu?
Et ce motif, d'ailleurs, pour être soutenu,
Voudrait que de chacun la tonte fût complète,
Qu'on ne souffrît pas même un cheveu sur la tête;
Personne assurément, par propreté, je crois,
Ne voudra consentir à passer pour Chinois.

Examinons encor la raison que tu donnes
Par un autre côté : nous trouvons des personnes
Avec des favoris, d'autres ont des colliers,
On voit porter la mouche à beaucoup d'écoliers;
Il est des citoyens qui n'ont que la moustache,
Ou qui, comme Henri quatre, ont la barbe en panache;
Peu d'hommes sont enfin totalement rasés.
Pour avoir quelques poils seront-ils accusés
De n'être qu'à demi propres comme on doit l'être :
Un tel raisonnement, il faut le reconnaître,
Serait bon dans l'esprit de Jérôme Pointu.
Pour dernier argument, la barbe, assures-tu,
A la beauté serait entièrement contraire :
Cette beauté factice est une erreur vulgaire
Tout à fait sans valeur aux yeux de la raison :
Ceux qui des animaux ne gardent qu'un tronçon
Lorsqu'ils leur font couper la queue et les oreilles,
Croyant produire ainsi de brillantes merveilles,
Seraient-ils donc pour toi des hommes de bon sens?
Verrais-tu sans pitié ces malheureux enfants
Auxquels en Amérique, on écrase la tête? (1)
La mère à son devoir croit payer une dette;
Ainsi défigurés, ses enfants à ses yeux
Seront beaucoup plus beaux. Non moins à plaindre qu'eux
Les femmes de la Chine ont des pieds dont l'usage
Ne leur est pas permis, même dans le jeune âge.

(1) Les indiens Têtes-Plates appliquent sur le front de leurs enfants au berceau une pièce de bois, qui, étant serrée, déprime le crâne, et le fait aller brusquement en arrière.

Par des souliers de fer ce sexe infortuné
Se trouve à la douleur pour toujours condamné :
En vain le père ému voit les pleurs de sa fille,
Il croirait rabaisser l'honneur de sa famille
S'il cédait un seul jour aux tendres sentiments
Que la nature a mis dans le cœur des parents.
Les Nouveaux-Hollandais, dans leurs modes étranges,
Aux personnes du sexe enlèvent deux phalanges,
Autrement on les voue au plus profond mépris.
D'Urville, qui l'assure, avait encore appris
Que tout jeune garçon, dans la même contrée,
A du nez, à quinze ans, la cloison perforée;
Que l'on y fait passer un bâton de roseau,
Et que, pour complément de ce triste oripeau,
On lui fait arracher une des incisives :
Alors le titre d'homme et ses prérogatives,
A partir de ce jour, lui seront accordés.

Nous montrons du mépris pour tous ces procédés
Sans nous apercevoir que nos justes critiques
Conviendraient à beaucoup de nos sottes pratiques :
Qui nous justifira de ces cris déchirants
Que nous faisons jeter à nos propres enfants
Quand, pour suivre les lois qu'un vain luxe conseille,
D'un cerceau de métal nous leur chargeons l'oreille?
Qui peut rendre raison du corset meurtrier
Propre à faire souffrir bien plus qu'à s'habiller?
A mes yeux le rasoir pour lequel on s'obstine,
Notre boucle d'oreille et le soulier de Chine,

Le percement du nez, les phtisiques corsets,
Des temps de barbarie attestent les excès;
De leur longue existence il n'est pas d'autre cause
Que l'amour-propre humain, dont l'excessive dose
Porte l'homme à penser que, nouveau créateur,
De tout ce qu'il lui faut il doit être l'auteur.
Sa tâche est d'imiter, de prendre pour modèle
La nature toujours si parfaite et si belle.
Oui, ce rôle est le sien, malgré sa vanité,
Car, véritablement, il n'a rien inventé :
S'il sait anéantir la foudre meurtrière,
Si, par de l'eau bouillante au fond d'une chaudière,
Du coursier le plus prompt il devance les pas,
Si d'un fer magnétique il se fait un compas,
Si par de longs efforts et vingt siècles de peine
Il a des vêtements et de soie et de laine,
Trouve-t-il dans ses rangs quelque grand ouvrier
Pour filer le gramen ainsi que le murier?
Doit-il s'enorgueillir de ce que la boussole
Se plaît à regarder et l'un et l'autre pôle?
Peut-il revendiquer l'énorme pression
Qui fait par la vapeur osciller le piston?
Est-ce lui qui prescrit au fer, durant l'orage,
D'assourdir le tonnerre et de calmer sa rage?
Non; le vrai philosophe aperçoit dans ces faits
De la Divinité les éternels bienfaits :
Sa seule ambition est de les bien connaître;
Par des moyens divers il les fait apparaître,
Afin d'en découvrir les applications

Et de les employer au bien des nations.

Pourquoi donc se raser? Pour ressembler aux femmes?
Sans manquer aux égards que méritent les dames
Je crois au titre d'homme assez de dignité
Pour n'avoir pas besoin d'un honneur emprunté.
Veut-on paraître jeune en s'épilant la face?
On y réussit mal; et l'homme, quoi qu'il fasse,
S'approche chaque jour de ce néant affreux
Contre lequel en vain il concentre ses vœux.
Gardons notre nature : un insecte difforme
Devient intéressant par le fil qu'il nous forme.
Tout être a son mérite : au rossignol des bois
Dieu voulut accorder la plus charmante voix;
Le paon majestueux obtient notre suffrage
En nous montrant l'éclat de son brillant plumage;
Que chacun dans son rôle ait son ambition :
Nous sommes sans pitié pour l'oiseau de Junon
Quand par les sons criards de sa glotte rebelle
Il prétend égaler le chant de Philomèle;
Appliquons cet exemple à notre humanité.
Le sexe qui doit plaire a reçu la beauté;
Mais l'homme, qui des cieux mesure la distance,
Doit être satisfait de son intelligence;
Qu'il borne ses désirs à ce brillant destin
Par lequel il conçoit un Créateur divin.

La barbe, si l'on croit un savant de la Grèce, (1)

(1) Strabon.

Était chez les Indiens un signe de sagesse;
Nous savons par Horace aussi que de son temps,
A Rome on l'honorait des mêmes sentiments;
En tous lieux on la tient comme très-respectable (1)
Quand elle est au menton d'un vieillard vénérable,
Et nous convenons tous de cette vérité
Qu'elle vient au jeune homme avec la puberté;
Son absence est surtout ce qui caractérise
L'eunuque, être incomplet que partout on méprise;
Enfin, et sur ce point chacun reste d'accord,
Tout homme très-barbu passe pour être fort.
Si l'on veut consulter la physiologie,
Et surtout les savants sur l'anthropologie,
On trouve les mortels en trois classes rangés;
Selon l'intelligence on les a partagés,
Et, chose remarquable, on voit pour chaque race
Différentes longueurs quant au poil de la face,
Et son accroissement est en proportion
Avec ce que chacune a reçu de raison.

De hautes qualités la barbe est donc l'indice;
Eh! comment pouvons-nous en faire sacrifice,
Endurer chaque jour la cuisante douleur
Que le rasoir nous donne avec le déshonneur?
Permettre qu'un barbier sur notre bouche applique
Sa main, lorsque peut-être à quelque acte impudique
Il vient de la souiller? Encore bien heureux

(1) Saint Clément d'Alexandrie dit que la barbe contribue à la dignité de l'homme.

Si du jus d'Argenteuil il n'est trop amoureux;
Sans quoi, pendant une heure, à côté de cet homme,
Nous serions infectés de vapeurs de rogomme.

J'aperçois dans tes yeux de l'incrédulité;
A ce mot : *déshonneur,* ton front s'est contracté;
Pourrait-on dire moins pour flétrir cette absence
Du signe qui chez l'homme annonce la puissance; (1)
Pour exprimer enfin toute l'aversion
Que doit nous inspirer l'assimilation
A laquelle il s'expose, en prenant la figure
Des êtres consacrés à servir la luxure,
Des êtres qu'un scalpel a jetés au rebut,
Et sur qui la nature, admirable en son but,
Par un cachet certain (2) marque l'ignominie
Où les a rabaissés un infernal génie.

Le ciel avec la barbe a voulu nous former;
C'est lui faire un affront que de la supprimer;
Moïse le défend; (3) Jésus, notre modèle,
A la loi de Moïse était resté fidèle. (4)

N'allons pas, toutefois, par un faux zèle épris,

(1) Molière a dit :

Du côté de la barbe est la toute puissance.

(2) Tout le monde sait qu'il ne vient point de barbe aux eunuques.

(3) *Lévitique*, chap. 19, v. 27.

(4) Le IVe Concile de Carthage défend aux clercs de se raser le menton. — L'Alcoran interdit expressément l'usage du rasoir. Voir l'*Histoire de l'empire Ottoman*, par M. de Salaberry, t. Ier, p. 314, 2e édition.

Conserver une barbe à la Termosiris :
Contre tous les excès il faut se mettre en garde;
On coupe les cheveux, mais aussi l'on en garde,
Et c'est avec raison : il est bien reconnu
Que les Turcs, chez lesquels la tête est mise à nu,
Souvent de l'ophthalmie éprouvent le supplice;
C'est aux dents que chez nous, le rasoir peu propice
Est venu s'attaquer; il est fréquent de voir
L'homme, tout jeune encor, déjà n'en plus avoir :
Esclave infortuné d'un trop funeste usage,
Il s'est vu de lardons taillader le visage,
Et dans l'odontalgie il a, le malheureux!
Enduré mille fois les maux les plus affreux.
A bien d'autres regrets il expose sa vie :
Un mets lui convenait, sa bouche dégarnie
Ainsi que le vieillard l'oblige à s'en priver;
Et quand vient le signal où l'on doit se lever,
Quoiqu'il ait faim encore, il faut quitter la table
Et laisser imparfait un repas délectable.
Depuis qu'il a perdu la plupart de ses dents,
Il fait, pour prononcer, des efforts impuissants;
Car, malgré tous ses soins, sa parole obscurcie
Est par ses auditeurs rarement bien saisie.
Il est incontestable, aussi, qu'étant rasé,
A tous les maux de gorge on est fort exposé,
Et que la voix éteinte, une cruelle angine
Dont on est tourmenté, n'ont pas d'autre origine.

Pourrais-tu me blâmer de fuir ces résultats

En brisant mon rasoir, ignoble coutelas
Que personne jamais n'a regardé sans crainte,
Et dont chaque morsure est un sujet de plainte :
Par sa dent venimeuse il produit plus de mal
Que n'en causa jamais le canon si brutal.
Pour celui qu'il me fit, je lui garde ma haine!

Quant à moi désormais, la chose est bien certaine,
De quelque grand malheur que je sois menacé,
Sur le pont d'un vaisseau dussé-je être placé
Tandis que l'on ferait sauter la sainte-barbe,
Jusqu'à mon dernier jour je garderai ma barbe!

UN VOYAGE DE PLAISIR.

POÈME COMIQUE.

Depuis longtemps monsieur Trompin
Dont la boutique, au Carré-Saint-Martin,
A pour enseigne : *A la Grande Lunette,*
Se faisait, dit-on, une fête
De consacrer un peu de ses profits
A ces plaisirs nouveaux qui sont loin de Paris
Et qu'un chemin de fer aisément nous procure.
Mais un plaisir n'est jamais bien goûté
Si l'on n'a pas à son côté
Un ami pour le moins. Monsieur Trompin s'assure
Qu'il peut compter sur son cousin Fernu,
Coutelier, rue Aumaire. Il est bien convenu
Qu'ils iront voir du Hâvre les régates,
Qu'ils visiteront les frégates,
Et quittant le chemin de fer
Se rendront ensuite par mer
Au port de Cherbourg. Ce voyage
Serait pour eux d'autant plus beau
Qu'on devait lancer un vaisseau,
C'est là surtout ce qui les encourage;

Car il n'est, leur dit-on, rien de plus imposant,
Que de voir s'avancer majestueusement
Sur sa quille à peine visible
Cette masse animée et qui paraît sensible
A la crainte, à l'espoir, aux applaudissements
De myriades d'assistants.
Il est aussi décidé par avance
Qu'on partagera la dépense.

Le jour du départ arrivé
Chacun de bonne heure est levé
Et met, à s'apprêter, beaucoup de diligence,
Comme il le fallait, car le train
Devait partir de grand matin.
Mais, à tout, jamais on ne pense,
Ce qui fut cause que Trompin
Après avoir attendu son cousin
Et voyant que l'heure s'avance
Finit par perdre patience
Et se décide à partir, pensant bien
Que son ami déjà s'était mis en chemin
Et qu'à l'embarcadère il le verra sans doute.
Il y court donc. A peine est-il rendu
Que le moment du départ est venu :
Il se met forcément en route
Sans avoir pu trouver Fernu.

Rapidement le train s'avance
Et Trompin garde le silence

Tout abasourdi du guignon
Qui le laisse sans compagnon.
Mais plus tard il reprend courage
Et bien avant que l'on soit à Vernon
Met la tête dehors, et criant avec rage,
Appelle Fernu par son nom :
« Fernu ! Fernu ! dit-il, montre-toi, parle :
Je t'ai, ce matin, attendu;
Pourquoi donc n'es-tu pas venu? »

Le conducteur du train était un nommé Charle,
Il vient et s'adressant au malheureux Trompin
Dit : « Monsieur, s'il vous plaît, vous ferez moins de train,
Ou je fais arrêter le train
Et vous resterez en chemin. »

A cet ordre formel Trompin redevient morne,
Il est muet comme une borne
Et ne répond pas même aux encouragements
D'un voisin qui lui parle en termes obligeants.
Ainsi s'accomplit ce voyage :
C'est en vain que sur le rivage
On voit mille aspects enchanteurs
Fixer l'attention des autres voyageurs;
Trompin ne veut rien voir, privé de camarade,
Et jusqu'au Hâvre il est maussade.

Mais, à peine arrivé, narguant le conducteur,
En criant de toute sa force,

Il appelle « Fernu ! Fernu ! » Dieu ! quel bonheur !
Fernu vient de répondre. Aussitôt il s'efforce
De traverser la foule afin de le trouver.
C'était chose très-difficile,
Car au train qui vient d'arriver
Se mêlent des gens de la ville,
Des gamins de dix à vingt ans,
Des jeunes marins turbulents
Qui culbutent tous les passants
Et profèrent des cris perçants.
Enfin il se forme une file,
Trompin la suit, se doutant bien
Que c'était le meilleur moyen
Pour sortir de cette cohue ;
Il se trouve ainsi transporté
Au milieu de la grande rue
Et cherche partout ; mais sa vue
Ne découvre d'aucun côté
Son ami dont la trace est encore perdue.

Un gamin qui l'avait suivi
Lui dit : « Monsieur, pour trouver votre ami
Il est un moyen bien facile :
Faites-le donc tambouriner
Dans tous les quartiers de la ville,
C'est le meilleur conseil qu'on puisse vous donner. »

Trompin goûta fort peu cette plaisanterie,
Et quoiqu'il entendît près de lui prononcer :

Les régates vont commencer,
De les voir il n'a pas envie
Avant de retrouver Fernu.

« Que diable est-il donc devenu? »
Se dit-il bouillant de colère.
« Etait-il donc si nécessaire
De nous concerter pour venir
Lui de son côté, moi d'un autre :
J'ai vraiment beaucoup de plaisir!
Encore si le bon apôtre
Cherchait à me trouver; mais non, je suis certain
Que sans penser à moi quelque part il s'amuse :
Sur sa fausse amitié ceci me désabuse,
Et dès ce jour, foi de Trompin,
Je l'abandonne à son destin;
Il est trop tard pour aller aux régates,
Je ne suis pas d'humeur de monter aux frégates ;
Aussi je vais m'informer promptement
De l'heure de l'embarquement
Pour aller à Cherbourg. Quant à Fernu, qu'il fasse
Ce qu'il voudra. Non, sur ma foi,
Il ne mérite pas que je m'en embarrasse,
A compter d'aujourd'hui je ne pense qu'à moi. »

Sa résolution étant bien arrêtée,
Trompin qui se trouvait alors sur la jetée
Vers le grand quai porte ses pas,
Retient sa place et fait un modeste repas

En attendant le départ du navire
Qui, suivant ce qu'on vient de dire,
Aura lieu dans quelques instants.

On voyait là beaucoup de gens
Tous prêts comme Trompin à se mettre en voyage,
Et qui faisaient, suivant l'usage,
Un brouhaha des plus assourdissants.
Enfin vient un moment où la cloche bourdonne,
C'est l'heure du départ qui sonne;
Chacun paraît pressé d'arriver au bateau :
C'est à qui viendra le plus vite,
Et souvent on se précipite
Au risque de tomber à l'eau.

Sur le pont à son tour lorsque Trompin arrive,
Il aperçoit promenant sur la rive
Son ami Fernu, qu'il appelle
De la force de ses poumons;
Mais sa voix se perd dans les sons
De la foule qui s'entremêle
En proférant des cris divers.
Le malheureux Trompin se met l'âme à l'envers;
Il gesticule et s'égosille
Jusqu'à ce qu'à la fin une petite fille
Ayant compris ce qu'il voulait
En avertit Fernu qui près d'elle marchait.
Celui-ci court à l'instant même
Auprès de son ami Trompin

Qui lui dit dans son trouble extrême :
« Je te retrouve donc, enfin.
Que fais-tu depuis ce matin?
Ta conduite est un vrai problème
Que je donnerais au plus fin.
Pourquoi chez moi me faire attendre,
Quand tu devais venir me prendre,
Puisque j'étais sur ton chemin?
Un peu plus je manquais le train!
Pourquoi, quand je t'appelle au Hâvre,
Que tu m'entends, ne pas rester?
Ton indifférence me navre
Et me ferait presque douter
Que tu sois venu pour me suivre.
Manques-tu donc de savoir vivre?
Je le crains et j'en suis honteux!
Allons, réponds-moi, si tu peux. »

Tout étourdi de la tirade
Que Trompin vient de débiter,
Fernu répond : « Cher camarade,
Avant ainsi de t'emporter,
Tu devrais au moins m'écouter :
Retenu par une pratique,
Je n'ai pu quitter ma boutique
Ce matin qu'au dernier moment :
Chez toi je passe en m'en allant,
Tu viens, dit-on, de partir à l'instant;
Je cours, comme toi je prends place

Pour aller au Hâvre-de-Grâce,
Arrivé là, j'entends ta voix;
Mais nulle part je ne te vois,
Je n'abandonne pas la place
Qu'autour de moi le vide ne se fasse,
Et c'est quand je te sais parti
Que je prends le même parti.
De tous côtés je cours, j'appelle,
A ce point que l'on m'a hué,
Et j'en étais exténué
Lorsqu'enfin cette demoiselle
Te montre à moi, tout embarqué.
Aussi, loin d'accuser mon zèle,
Tu devrais bien m'encourager,
Car je suis resté sans manger
Depuis hier, et je respire à peine :
Laisse-moi donc reprendre haleine,
Et puis, pour nous dédommager
Et fêter comme il faut notre heureuse rencontre,
Je vais faire apporter quelque bon restaurant. »
Trompin goûta cet argument
Et, loin de se mettre à l'encontre,
Avec Fernu se rendit au buffet
Pour choisir ce qu'il aimerait.

Les amis se mettent à table
Et dînent d'un grand appétit,
Tout en sablant un vin que l'on trouve agréable,
Qui bientôt les ragaillardit.

On se trouvait alors en pleine rade
Et l'on sent que le vent fraîchit;
Trompin buvait force rasade
Pour se réchauffer, disait-il.
Cet argument assez subtil
N'empêche pas le camarade
De se sentir bientôt malade
Par le mouvement du roulis,
Et d'une façon très-maussade
De rendre tout ce qu'il a pris.
Il a près de lui pour voisine
Certaine dame en mousseline;
Il lui lance inopinément
Un trait de son cœur chancelant.
Si l'odeur n'est pas la plus fine,
C'est la plus forte assurément.
A ce procédé peu galant
De dépit la dame fulmine,
Et de la venger à l'instant
Un de ses voisins faisait mine,
Lorsque Fernu se rapprochant
Dit, en s'adressant à la dame,
« Je vous proteste sur mon âme
Que mon ami ne l'a pas fait exprès,
Car c'est un homme plein d'usage;
Il vous remboursera les frais
Que coûtera le blanchissage. »

Cet incident se prolongea

Jusqu'à l'heure où l'on débarqua.
Trompin tout débraillé, très-sale,
L'air tout défait et le teint pâle,
A besoin d'être soutenu;
Il s'appuie au bras de Fernu
Qui le mène à l'hôtel de France
Et lui fait préparer un lit.
Trompin guérit de sa souffrance
Après qu'il eut passé la nuit;
Puis il renaît à l'espérance
En voyant que le soleil luit :
Car c'est le jour où le vaisseau se lance,
Et plein de joie il se redit
Que s'il n'a pas vu les régates,
Les paquebots ni les frégates,
Et si le temps qu'il a passé sur mer
S'est trouvé pour lui bien amer,
Il va jouir, sur cette heureuse plage
D'un spectacle cent fois plus beau
Et qui, lui seul, valait bien le voyage.
Il appelle Fernu, l'engage
A venir avec lui sur un petit bateau
Pour mieux voir lancer le vaisseau.

Ils se rendent sur le rivage,
Font prix d'une embarcation
Qui les porte à quelque distance
Pour se placer dans une petite anse
Très-propre à l'observation.

Au bruit bientôt succède le silence,
Cent mille spectateurs se trouvent en présence
Ouvrant les yeux, avançant le menton
Pour voir l'instant précis où le vaisseau s'élance :
Il va partir bientôt, dit-on;
Le cœur palpite à l'espérance
De le voir glisser dans son ber
Et se dandiner en plein air.
Tandis qu'avec grâce il s'avance
Jusqu'à ce qu'il soit à la mer,
Qui, joyeuse de sa présence,
Projette au loin sa vague en flocons écumants
Et doucement l'étreint de ses flots caressants.

On est à ce moment d'attente
Lorsque Fernu prend et présente
Sa tabatière à son ami,
Qui prisait quelquefois aussi.
Trompin accepte, prend, aspire
Son tabac assez longuement;
Mais jugez quel est son délire
Lorsqu'il survient un coup de vent
Qui lui jette en pleine figure
De la boîte le contenu.
Il en a plein les yeux, il jure
Contre le maladroit Fernu,
L'auteur de sa mésaventure.
Il ne peut plus voir le vaisseau
Que justement on lance à l'eau;

Et quand il est à la torture,
Ses regrets sont d'autant plus grands
Qu'il entendait un doux murmure
De joie et d'applaudissements
De tous les autres assistants.

Fernu faisait triste figure
Et se privait aussi de regarder
Craignant plus tard qu'on ne vînt le gronder.

Trompin, croyant apaiser sa souffrance,
Prend de l'eau de la mer, s'en humecte les yeux;
Mais au lieu de se trouver mieux,
Il est beaucoup plus mal. Le sel par sa présence
Augmente encore la cuisson,
Au point qu'il en perd la raison.
En vain Fernu lui dit : « Viens à l'hôtel de France,
Nous y trouverons du secours
Et de l'eau fraîche en abondance. »

Trompin répond : « Depuis deux jours
Tu mets le comble à mon impatience,
Je ne veux plus de toi, je te fuis pour toujours;
Si tu ne gardes le silence,
Dans les flots de la mer à l'instant je te lance. »

Fernu d'obéir s'empressa;
Estimant qu'il serait peu sage
De s'en retourner à la nage,
Et le lendemain s'en alla.

Trompin, avec son air morose,
Tout seul de son côté soupa,
Lava ses yeux à l'eau de rose,
Et le lendemain s'embarqua.

Le bateau qui les apporta
Encore une fois les rassemble;
Mais l'un est ici, l'autre là,
Pour ne pas se trouver ensemble.

Et quand du Hâvre ils partent pour Paris
Fernu voyant que Trompin avait pris
Un billet de troisième classe,
Dans une seconde se place,
Pour ne plus s'exposer au triste vis-à-vis
Qu'il avait eu dans son passage,
Et qu'avec joie il avait vu finir.

Ainsi se termina ce burlesque voyage
Dans lequel on croyait trouver tant de plaisir.

LES DEUX STATUES.

FABLE.

Une Vénus de marbre étalait sa beauté
Dans le palais des rois. Elle était ravissante
Par ses traits gracieux, par sa pose charmante.
On ne pouvait la voir sans en être flatté,
Et chaque visiteur en faisait quelque éloge.
Dans ces discours, bientôt, s'enfla sa vanité,
Ce que, par son talent, l'artiste a mérité
Sans en soustraire un mot la Vénus se l'arroge.

Parmi les amateurs à qui cette œuvre plut
Il en existait un que tenta le modèle
Et de s'en procurer un double bien fidèle
Le projet dans son cœur aussitôt il conçut;
Mais, comme il est peu riche, en plâtre il le fait faire.
L'orgueilleuse Vénus en voyant les apprêts
De celui qui prétend reproduire ses traits
L'injurie en disant : cette ignoble matière
Dont tu vas te servir excite ma pitié!
Quoi, tu prétend ainsi faire un objet valable?
Ce travail vaut à peine un petit grain de sable,

D'un seul de mes cheveux j'estime la moitié
Plus que tout ce platras, d'un maçon digne ouvrage!
L'artiste, sans répondre, endure cet outrage,
Il eût pu répliquer avec quelque avantage,
Il se tut et fit bien. Le plâtre terminé
On le met au salon qui lui fut destiné :
De l'aveu de chacun la copie est charmante
Et tout le monde sait que dans ces compliments
Donnés par des amis il n'entrait pas d'encens.

Au bout de quelques mois notre amateur s'absente;
Mais, avant de partir, de crainte d'accident
Le précieux objet est porté chez l'artiste.
Dans le même atelier se trouvait justement
La Vénus du palais, la fière antagoniste
Qui, de propos si durs avait humilié
Le plâtre que, sur elle, on avait copié.
Exposée aux assauts d'une foule incessante
Cette altière beauté subit plus d'un affront,
Bien souvent elle vit quelque main insolente
Ramasser de la boue et lui salir le front
Une autre, sans respect pour sa noble substance
Avec, un vil caillou que de loin elle lance
De son nez si mignon fait sauter un éclat.

Le prince, mécontent de voir en cet état
Sa Vénus qui n'aguère avait tant d'élégance
Chez l'artiste l'envoie en réparation :
Ainsi, les deux sujets se trouvent en présence.

Le plâtre apercevant la mutilation
Que venait de subir sa hautaine rivale
Lui dit : je reconnais que ma condition
De la vôtre bien loin au-dessous se ravale ;
Mais, moi, je suis tranquille en ma simplicité,
Je n'ai que peu d'amis ; mais leur sincérité
Dans laquelle en tout temps j'ai pleine confiance
Suffit pour m'assurer une douce existence.

Le plâtre avait raison ; qui veut vivre en repos
Doit fuir de la grandeur la pompe éblouissante :
Pour quelques vains plaisirs qu'à l'homme elle présente,
Sans cesse elle l'expose aux plus rudes assauts.

LA GARDE DE Mme BAUDOZ.

ANECDOTE.

Dans un quartier des plus beaux de Paris,
Place Vendôme, était un heureux couple;
Cette union avait porté ses fruits :
Depuis longtemps madame était moins souple;
Et comprenant que très-incessamment
Il lui faudrait une garde-malade,
En retint une, et fit, en cela, prudemment.

Deux jours après, rentrant de promenade,
Elle éprouva les premières douleurs;
Tout aussitôt, criant, versant des pleurs,
Elle dépêche et valets et servante
Chercher garde et docteur. Chacun se diligente
Pour accomplir sa mission.
Le médecin de la maison
Vient, et voit sa besogne à moitié déjà faite.
A l'achever sans tarder il s'apprête,
Et madame en était au plus fort de ses cris
Lorsque chacun se trouva bien surpris
De voir entrer, le casque en tête,

Avec mousquet et baïonnette,
Quatre soldats et deux sergents :
— Nous venons, disent-ils, mettre la paix céans;
On s'y plaint fort, et, Dieu nous garde!
Lorsque l'on vient chercher la garde,
Nous remplissons notre devoir.
Qui faut-il ici qu'on empogne,
Nous ferons vite la besogne. —
Le médecin alors, croyant s'apercevoir
Que madame en était à sa dernière crise,
Sans s'occuper de la méprise,
Fait son travail et montre aux soldats étonnés
Le plus joli des nouveaux-nés :
— Voilà, dit-il, celui qui cause le tapage;
Mais vous manqueriez de raison
Si vous vouliez le remettre en prison,
Car il en sort; aussi, je vous engage
A retourner chez vous avec ce peu d'argent,
Pour boire à la santé de la mère et l'enfant. —

AUX EAUX.

CONTE.

Pendant notre séjour aux eaux,
Il faisait un temps des plus beaux
Et nous avions plus d'une jeune dame
Qui, de nos plaisirs, étaient l'âme.
Un jour on était convenu
Sur des ânes d'aller ensemble en promenade :
Chacun a sa monture et fait quelque bravade :
On court à qui sera le premier parvenu.
Un des grisons, vilain maussade
S'est avisé de faire une ruade
Sans réfléchir, le malotru,
Qu'il jette sur le pré la jeune demoiselle
Qui, sur sa croupe, était en selle.
Elle est là sur le dos bras et jambes au vent
Et le garçon d'hôtel a vu cet accident.
Mais bien vite elle se relève,
Remonte sur sa bête et s'en va trottinant;
Et sa promenade s'achève
Sans autre funeste incident.
Mais au dîner, quand tout le monde à table

S'entretenait des courses du matin,
On lui dit : vous aviez un âne bien mutin;
Il vous a fait un tour assez désagréable.
Oh! dit-elle, ce n'était rien,
Et je n'ai pas été blessée :
Je me suis vite ramassée,
Jean vous dira la vérité,
Il a vu ma dextérité,
N'est-ce pas vrai, Jean? lui dit-elle.
Jean répond : je l'ai vue, oh! oui, mademoiselle,
Et j'en étais tout ébahi;
Mais j'ignorais qu'on l'appelât ainsi.

LES COUDES.

On était à la fin d'un repas de confrères
Et les hommes déjà parlaient de leurs affaires;
Mais cette conversation
N'amusait pas les dames; comme on pense,
Ce que voyant l'amphytrion
Se lève et réclamant un instant de silence,
Fait cette proposition :
Si les dames voulaient passer dans le salon
Ou dans le parc, le temps est agréable;
Elles y trouveraient plus de distractions,
Tandis qu'ici nous fûmerons,

Nous mettrons, sans façon, les coudes sur la table.
Une dame se lève et dit d'un air surpris
A son mari : Chacun fait ce qu'il veut des siennes ;
Mais toi, je ne veux pas que tu mettes les tiennes :
La dame, évidemment, n'avait pas bien compris.

Quel est son mal ?

Un enfant de la Normandie
Dans une administration
Eprouvait une grande envie
D'avoir de l'augmentation :
Il en obtient pour une résidence
Placée à certaine distance,
S'y rend ; mais de fréquents soupirs
Par lesquels il romp le silence
Attestent bien qu'il a quelque souffrance
Ou qu'on n'a pas encor satisfait ses désirs.
Ce singulier état excitait la surprise,
Et quelqu'un dit à l'un de ses amis :
Ce qui, je crois, le tient, c'est le mal du pays ;
A moins que ce ne soit le mal de la payse.

Monter en haut !

mnibus à deux étages
ulait sur le boulevard,
mme il était déjà tard
piétons crurent être sages
renant. L'un dit, je monte en haut,
ffet il grimpe et d'un saut
met sur l'impériale.
répond, et moi je monte en bas,
moyen je ne tomberai pas,
ns l'intérieur il s'installe.

er en bas! monter en haut!
bien savoir lequel est le plus sot!

MPLE AVIS.

is fort étonné vraiment
out un arrondissement,
it d'esprit, soit si précaire
pour sa feuille hebdomadaire, (1)

)n se trouve réduit à prendre sans façon,
Un morceau que l'on trouve bon,
)'imprimer sans scrupule, et comme un plagiaire,
;ans indiquer l'auteur ou le propriétaire
)ui, tous les deux, pourtant, ont signé de leur nom

J'avais fait mettre dans l'*Abeille* (1)
Un logogriphe sur *Facteur* :
le ne soutiendrai pas que c'est une merveille,
Malgré l'amour-propre d'auteur;
l paraît qu'aux voisins, pourtant, il a su plaire;
Mais on a voulu le refaire
En employant des procédés nouveaux,
Car on s'est servi de ciseaux
'our retrancher des vers qu'on n'a pas trouvé beaux.
A moins qu'en changeant la facture
Du logogriphe en question,
n n'ait eu pour objet l'élimination
u trait qui se rapporte au terme de *facture*.
Qu'il soit mauvais ou qu'il soit bon,
Puisque la composition
Avait été signée, on devait, il me semble,
La reproduire en son ensemble,
auf à l'accompagner d'une observation
Qui permît de juger la pièce
Et la rectification.
Mais un procédé de l'espèce

L'*Abeille*, journal d'Étampes.

Chez nos voisins est encore inconnu
Et n'est sans doute pas venu
A l'esprit affairé du Gérant de la feuille.
Ce que j'exprime ici, ce n'est pas que je veuille
Du rédacteur en chef penser le moindre mal
Ni déprécier son journal :
Je tiens seulement à lui dire
Que de tout temps, en toute occasion,
Quand on prend la peine d'écrire,
Ne fût-ce uniquement que par distraction,
Pour soulager l'âme blessée
De quelque affligeante pensée,
On tient à ce que l'on a fait,
Alors que l'on n'attacherait
Aucune espèce d'importance
Au titre glorieux d'auteur.
En effet, tout homme qui pense
Peut mettre de l'indifférence
A rechercher quelque éloge flatteur;
Mais, ne fût-ce que pour lui-même,
Il éprouve un plaisir extrême
A conserver le fruit de son labeur.

De même aussi tout éditeur
Fait un choix de ce qu'il publie,
Et ne saurait être flatté
De voir qu'un autre s'approprie
Ce qu'il savait en bonne vérité
Etre bien sa propriété.

De cet avis nos voisins, j'imagine,
Reconnaîtront l'urbanité,
Et de tout article emprunté
Voudront bien désormais indiquer l'origine.

Naïveté.

Un jeune surnuméraire
A Plaisance demeurait,
Chaque jour au Ministère
A pied il se transportait,
Quand il apprend qu'un décret
Va reculer la barrière.
Lors, il dit à ses amis :
Je vais être dans Paris,
J'aurai, je m'en réjouis,
Pour venir au ministère
Bien moins de chemin à faire.

ORAISON FUNÈBRE DU DOCTEUR DANGLAR,

SURNOMMÉ LE MÉDECIN DES CHIFFONNIERS.

Mort à Paris en 1849. (*Historique.*)

AIR : *du Cantique de saint Roch.*

Approchez tous et que chacun écoute
Du sieur Danglar la vie et le trépas,
Dans sa carrière il a changé de route,
Et cependant il ne s'enrichit pas :
Tel autre, en France,
A l'opulence,
Arriva bien
Par ce simple moyen.

Jeune, bien fait et de mœurs agréables,
Il se consacre au bel art de guérir;
Il y brillait parmi les plus capables
Et son esprit partout le fit chérir :
Dans le grand monde,
Tous, à la ronde,
N'ont d'autres vœux
Que de le voir heureux.

Dans les salons où le talent se montre,
En peu de temps il eut un libre accès;
On s'empressa d'aller à sa rencontre,
Car il obtint les plus nobles succès :
Dans la carrière,
L'homme vulgaire,
Trop tôt flatté
Eût toujours persisté.

Mais le docteur était un philosophe,
Comme Jean-Jacque il quitta les honneurs;
Il s'habilla d'une grossière étoffe,
Pour soulager des pauvres les douleurs :
Sa clientèle,
Jadis si belle,
Des chiffonniers
Habite les greniers.

Ne croyez point que prodiguant ses veilles,
Il exerçât sans rétribution,
Si, dans son art, il faisait des merveilles,
On le payait d'une ou d'autre façon :
Telle malade
Solde en salade,
L'autre en poisson
La consultation.

Mais son tarif était des plus minimes,
L'accouchement et l'amputation
Etaient cotés seulement vingt centimes,

Des dents, un sou, coûtait l'extraction;
Une bronchite,
Une gastrite,
Un panaris,
Etaient au même prix.

Chaque matin à l'heure où Philomèle
Charme les bois de ses premiers accents,
Chez lui venaient en foule et pêle-mêle
Verres cassés, vieux chapeaux et clients
Qui d'une chûte
Ou d'une lutte
Sont revenus
Eclopés ou contus.

Vingt ans entiers avec le même zèle
Il prodigua ses soins aux malheureux,
Et pour prouver qu'il leur était fidèle
Logea, vécut, resta pauvre comme eux.
Jusqu'à la tombe,
Où chacun tombe,
Son dévoûment
Jamais ne se dément.

Mais on soutient, peut-être par envie,
Que le docteur, adoptant trop les us
De ceux pour qui se consacrait sa vie,
A de trinquer tous les jours fait abus,
Et qu'à ses veilles,
Dans les bouteilles,

L'esprit qu'il prit
Lui prit toujours l'esprit.

Quand le destin rompit son existence,
Ceux qu'il avait affranchis de leurs maux
Vinrent en foule, avec reconnaissance,
L'accompagner jusqu'au champ de repos,
Ils sont en file,
A plus de mille,
Et sur leurs traits
Se peignent les regrets.

Dans ce convoi la douleur est sincère;
Quoique le mort n'eût jamais fait de dons,
Vivants, défunt, retracent la misère,
Jeunes et vieux sont couverts de haillons;
Tel qui sanglotte
Porte sa hotte,
L'autre, en avant
A l'éventaire au vent.

Trois chiffonniers ont auprès de la bière,
En beaux discours exprimé leurs regrets;
L'un d'eux jadis avait été notaire,
L'autre avocat, le dernier sous-préfet :
Leur éloquence,
A l'assistance,
Arrache à flots
Des pleurs et des sanglots.

Ainsi finit cet homme qui, du monde,
Sut mépriser la sotte ambition
Et consacrer sa science profonde
A des bienfaits, sans ostentation.
A sa mémoire,
Et pour sa gloire,
Ont été faits
Ces modestes couplets.

LA SAINT-ALEXANDRE.

AIR : *de la Colonne:*

Pour célébrer l'anniversaire
Qui nous voit ici réunis,
Que chacun cherche dans son verre
La gaîté qui fait les amis. (*bis.*)
C'est à table que l'on s'épanche,
Que se dissipe le chagrin :
Buvons, buvons jusqu'à demain,
Faisons de la nuit un dimanche. (*ter.*)

De mendiant, saint Alexandre
S'élevant au pontificat
Nous montre tout ce que peut rendre
Un esprit fin et délicat. (*bis.*)

De celui qui remplit nos verres
Faisons aussi notre profit,
Buvons, buvons toute la nuit,
A demain les autres affaires.

Imitons le grand Alexandre,
Conquérant de tous les pays
Et, comme lui, sachons nous rendre
Maîtres de tous les vins de prix. (*bis.*)
Ne cherchons pas d'autre conquête,
Car le vin a tout pour flatter,
Buvons, buvons sans arrêter
D'une liqueur aussi parfaite. (*ter.*)

C'est par le vin que l'on consacre
Les évènements importants
Depuis le roi, quand on le sacre
Jusqu'au baptême des enfants. (*bis.*)
A la noce on est en goguette,
Aux jours gras on s'y met aussi,
Buvons, buvons, faisons ainsi
De chaque jour un jour de fête. (*ter.*)

LE FOULARD.

AIR : *Je loge au quatrième étage.*

Pour moi le foulard a des charmes;
Dût-on me traiter de Chinois,
Je suis attendri jusqu'aux larmes,
Au plus petit que j'aperçois. (*bis*).
Les souvenirs qu'il me rappelle
Sont pleins de douce émotion;
Que de fois au cou d'une belle
Il fixa mon attention. } (*bis*).

D'une grisette au teint d'albâtre,
S'il voile à demi les trésors,
Aussitôt mon œil idolâtre
Pour les voir tente mille efforts.
Et parfois la jeune coquette
Dans mes désirs me devinant,
Cache ou montre ce que je guette
D'un petit air bien innocent.

Le choix d'une jeune africaine,
Au foulard jaune est arrêté;

Placé sur sa tête d'ébène,
Il en rehausse la beauté.
Préférant surtout l'exotique,
Elle aime cette étoffe où l'art
Met mainte figure comique
De dragon ou de léopard.

Des lois bravant le fouet sévère,
Quelques gens, par ambition,
Ou pour fronder du ministère
Sans doute la profusion,
Font passer dans leur boutonnière
Un coin rouge de leur mouchoir;
On croit voir un légionnaire,
C'est un compagnon du devoir.

Avec ce tissu, la modiste
Se fait des tabliers charmants,
Et parvient à mettre à sa piste
Un fol essaim de soupirants.
Il sert encore une industrie
Qu'on nomme : *faire le foulard,*
Et qu'à bon droit je qualifie,
En disant que c'est des fous l'art.

Auprès de jeunes innocentes,
De qui les attraits séducteurs
Et les figures agaçantes
Captivent les yeux et les cœurs;

Cédant au plaisir qui m'engage,
Je sais, en sultan égrillard,
A chacune, rendant hommage,
Tour à tour jeter le foulard.

LES PANIERS.

Un jeune étudiant pensait au mariage;
Il en parle à son père en termes fort pressants :
Celui-ci n'ayant pas les mêmes sentiments
Tint à son fils à peu près ce langage :
Tu veux te marier, fais donc réflexion
Qu'il te faudrait avant une position :
Depuis que l'on revient aux modes fort coûteuses
Des robes à paniers, des amples falbalas,
Des volants étagés, descendant jusqu'en bas,
Garnis profusément de dentelles soyeuses
Autant qu'il en faudrait pour des aérostats,
La toilette est trop chère et l'on n'y suffit pas.
Car, à présent, en bonne conscience,
De tout ce qu'une femme a pu nous apporter,
Il nous reste, à bien le compter,
Juste les paniers, sans l'aisance.

LE SERPENT.

Un jour, le curé du village
Avait choisi pour texte de sermon
La funeste tentation
D'Ève, et cherchait dans son langage
A nous faire sentir toute l'aversion
Que doit nous inspirer cette lâche action.
Il s'écriait : « Mes très-chers frères,
« Maudissons le serpent, l'auteur de nos misères ;
« Tout ce que nous souffrons de sa méchanceté,
« Ce que chacun de nous perd de félicité
« Vient de cet animal. Peut-on, je le demande,
« Le mépriser assez ? » Le serpent du lutrin,
Croyant que cette réprimande
Le concernait, répond : « C'est trop fort, à la fin !
« Et cette invective m'étonne,
« Car, je puis le jurer, je n'ai tenté personne...
« Eh ! monsieur le curé, depuis plus de trente ans
« Qu'ici de père en fils nous sommes les *serpents*,
« Jamais, dans toute la paroisse,
« On ne nous reprocha de mauvaise action.
« Oui, votre injustice me froisse,
« Je donne ma démission ! »

ANAGRAMMES.

I.

En premier lieu, lecteur, sur mes six pieds
De vos maisons je soutiens les planchers ;
Combinés autrement, dans plus d'une victoire
Je soutins de la France et l'honneur et la gloire.

II.

Trois pieds dans leurs combinaisons
Offrent un corps très-dur qu'on trouve dans la terre,
Un terme ancien d'art militaire,
Puis un instrument dont les sons
Se font entendre à de grandes distances,
Enfin certaines excroissances
Dont bien cruellement quelquefois nous souffrons.

III.

Mes quatre pieds donnent en premier lieu [lieu
L'endroit d'où nous partons quand nous changeons de
Pour quelque promenade ou pour quelque voyage.

Dans une autre combinaison
Mes quatre pieds forment le nom
D'un mal très-redoutable et dont tout homme sage
Doit prévenir la propagation.

IV.

Avec deux pieds je suis toujours debout,
Je tiens fortement à la terre,
Je n'aime pas la mer du tout,
Mais assez fréquemment je suis au cimetière
Où j'abrite les morts d'une ombre tutélaire.
Et si vous combinez mes deux pieds autrement
Je suis alors, comme dit la grammaire,
Une interjection de mécontentement.

V.

Sur mes quatre pieds je vous offre
Un contrat dans lequel assez communément
A deux on prend l'engagement
De payer l'un à l'autre en puisant dans son coffre
Aussitôt l'accomplissement
D'un évènement qu'on espère.
Combiné d'une autre manière
Avec mes quatre pieds je veux
Que l'on ne puisse aller que deux à deux
A moins d'être un haut dignitaire.

VI.

Mes cinq pieds présentent deux sens,
Dans l'un, s'il s'agit d'un bon livre,
Il faut être reconnaissants
Pour le savant qui nous le livre.
A l'autre, en divers lieux, on donnait de l'encens
Pour se le rendre favorable;
Mais son crédit se perd et depuis bien longtemps
On le relègue dans la fable.

VII.

Je suis composé de six pieds,
Il faut absolument que vous me possédiez
Si, d'ordinaire, vous jouez
Quand vous allez dans un bal du grand monde.
Il est utile alors que vous me demandiez
A l'homme que vous employez
Et dont le titre aussi se fait de mes six pieds.
Vous ne pouvez, non plus, sans craindre qu'on vous
Vous présenter dans ce lieu de plaisir [fronde,
Et surtout de grande élégance,
Si vous n'avez fait à l'avance
Pour achever de vous vêtir,
Ce que mes six pieds vous ordonnent,
En les combinant toutefois
Dans un autre mot qu'il vous donnent.
Enfin la quatrième fois

Que l'expression se transforme,
D'une pierre couleur de corme
Elle vous offre encor le nom.
Pierre que l'on dit précieuse
Et qu'en effet plus d'une précieuse
Pour se parer au bal se trouve très-heureuse
D'avoir dans un joli chaton.

VIII.

Quatre lettres forment mon tout
Et je sais flatter votre goût :
Je suis d'une douceur extrême
Et c'est pour cela que l'on m'aime.
Mais, si l'on vient me déranger
Avec mes dents qu'aussitôt je vous montre
Vous me voyez prête à ronger
Tout ce qui vient à ma rencontre.

IX.

Je suis formé de cinq parties
Donnant plusieurs combinaisons;
Au jeu, dans certaines parties,
Dans les champs, dans les métairies,
On peut trouver un de mes noms.
Un autre se voit à la tête,
Quelquefois volontairement

Lorsque l'on se sert de lunette,
Mais il s'y rencontre souvent
Contre le gré de celui qui le porte,
Et la peine qu'il cause est quelquefois si forte
Qu'au médecin il faut avoir recours,
Afin d'en être affranchi pour toujours.

X.

Mes quatre pieds présentent, dans un sens,
A la femme encore coquette,
De quoi masquer les ravages du temps.
A celle qui jouit encor de son printemps
Un charmant objet de toilette
Dont elle sait parer sa tête.
Un instrument pour travailler le bois,
Le fer, le cuivre, et même je crois,
Les cristaux et les poteries.
Mes quatre lettres réunies
Dans une autre combinaison,
Peuvent aussi donner le nom
D'un ornement que l'on voit à la joue
Et quelquefois au milieu du menton
De plus d'un jeune et frais tendron :
Si sa bouche, couleur de rose,
Vient à sourire, en même temps,
Vous pouvez voir la même chose
Qui précède ses belles dents.
Son nez, ses yeux et ses oreilles

Nous offrent les mêmes merveilles :
Peut-être bien d'autres endroits aussi,
Mais, chut! il faut que je m'arrête ici.

XI.

Mes quatre pieds donnent, je vous assure,
Un animal à longue hure
Et ce que tout moulin à vent
A de commun avec l'engoulevent.

CHARADES.

I.

Un pauvre auteur dans son grenier
Pourrait n'avoir que mon entier
Pour se donner de la lumière,
Et cela seul pourrait le satisfaire
Et suffirait pour le désennuyer
Si, quand la fin du jour arrive,
Avec son livre, il a fait mon premier,
Et de sa plume employé mon dernier
Quand son caprice a voulu qu'il écrive.

II.

Dans un cornet de cuir on place mon premier
Quand il s'agit d'en faire usage
Pour gagner ou perdre de l'or. Le sage,
S'il est admis à mon dernier,
Quand il a fait un héritage
Met dans son coffre l'or qu'il reçoit en partage,
Et quand de l'or on a fait mon entier
C'est d'un creuset qu'il se dégage.

III.

Le prêtre ne saurait publier mon premier
Que quand il fait mon dernier,
Mais mon incorrigible entier
Est souvent pris à rompre son premier.

IV.

Mon premier, de trois pieds, est une arme de guerre;
Mon second en a cinq et c'est un sentiment
Dont on ne fait l'aveu que difficilement.
Mon entier est un mot que l'on ne dit plus guère
Et qui jadis désignait chez les Grecs
Certaine dignité d'un difficile accès.

V.

Ecoutez le diapason
De mon premier donner le son ;
Montez, et quand la note atteinte
Vous produira juste la quinte
Vous aurez trouvé mon second.
Regardez dans un trou profond
Et vous y verrez mon troisième.
De mon tout la force est extrême,
Quand il serre dans ses deux bras
Il écraserait des nougats.

VI.

Dans un orchestre on entend mon entier
Chaque fois qu'il fait mon dernier
Qui très-souvent est mon premier.

VII.

Mon premier est un masculin,
Souvent il nous sert de clôture ;
Avec un *e* de plus il devient féminin,
Et donne ainsi la contexture
Que nous présente mon dernier.
Sur le bord des ruisseaux on entend nom entier
Qui sert de charme à la nature.

VIII.

A minuit, à midi, vous voyez mon premier
Si vous aimez quelque peu la lecture,
Et vous pourriez voir aussi mon dernier
Se dessiner sur la figure
D'un infortuné voyageur,
Que la soif ou la faim dévore,
S'il voit que mon entier n'était qu'un imposteur
En lui promettant un bonheur
Dont il se trouve loin encore.

IX.

Sous le règne de mon entier
Où la privation, la misère, le blâme
Viennent attrister mon dernier
Qui, nous dit-on, est un miroir de l'âme,
On n'est pas empressé d'entendre mon premier.
Dans des temps plus heureux ce premier nous enflamme
Avec les autres fils du célèbre Arezzo,
S'ils savent égayer un tendre boléro.

X.

Sur la tête d'un cerf on peut voir mon premier,
C'est au moulin surtout qu'on trouve mon dernier ;
On vient au cabaret pour avoir mon entier.

XI.

Le commencement de la gamme
Se désigne par mon premier;
Mon second à bon droit réclame
Son rang dans l'art de solfier.
Je prouverai que mon troisième
Pourrait bien se vanter lui-même
D'être de la musique aussi;
Enfin mon tout parfois se pique
De concourir à la musique
Qui compose un charivari.

XII.

Au dîner nous avons mon premier, mon dernier,
Et quand vient le café, nous voyons mon entier.

XIII.

Pour certains jeux il faut user de mon premier,
Qui sert à faire, en outre, et jupon et chemise;
C'est chez Robert Houdin qu'on va voir mon dernier,
Qui sert à fabriquer les chaises de l'église;
Enfin, dans le discours, l'emploi de mon entier
Annonce quelquefois un manque de franchise,
Tandis qu'on est forcé, souvent, dans son chemin,
D'en faire un pour aller au village voisin.

XIV.

Dans plus d'une circonstance
Mon premier est le premier,
C'est par lui que l'on commence
Bien des livres de science;
L'instruction d'un huissier
Et celle d'une Excellence
Commencent aussi par là.
Mon dernier qui lui ressemble
Et qui termine un gala,
Se fait voir à l'Opéra;
Mais Aaron les rassemble
Et vous présente mon tout.
Celui-ci toujours s'agite
Sans jamais changer de gîte;
Aussi n'est-il pas partout :
C'est dans le nord de la France
Qu'on jouit de sa présence;
Quoiqu'il n'ait pas du tout l'air
De vouloir faire le fier,
Il finit son existence
En se jetant à la mer.

XV.

Ne craignons pas qu'on fasse mon entier
Au premier de celui dont l'âme est mon dernier.

XVI.

Recommandez à votre sommelier,
Quand il soigne le vin, de toujours faire en sorte
Qu'il ne devienne mon premier,
Sans quoi vous mettriez l'un et l'autre à la porte.
Quand on veut voir de mon dernier
Le plus puissant, le plus beau de sa sorte,
C'est à Saint-Cloud qu'on se transporte
Un jour de fête de ce lieu.
Quand une étoffe est trop étroite,
Au moyen de mon tout la couturière adroite,
Pourrait bien l'élargir un peu.

XVII.

Un joueur de piquet aime à voir mon premier;
Sur le turf, un cheval, doit faire mon dernier;
Il faut être soldat pour donner mon entier.

XVIII.

On fait mon premier en crachant
Sur mon dernier, lorsque l'on est enfant,
Et mon entier faisait la gloire de la France
Dans laquelle il a pris naissance,
Lorsque l'art du poëte était en son enfance.

XIX.

J'aime à voir mon premier quand on fait la moisson,
Car c'est lui qui promet du pain pour la maison.
Mon second, sans nul doute, est un poste honorable :
Le siége d'un état ou d'une fonction
Placé, le plus souvent, au chef-lieu de canton,
Et mon entier était un philosophe aimable
Qui vivait dans la Grèce au temps de Phocion.

XX.

Mon premier forme des forêts
Sur des terrains ombreux et frais;
On pourrait même assurer qu'il en forme
Bien mieux que ne le ferait l'orme
Dans les ports tels que mon dernier.
On utilise enfin son fruit que l'on renomme,
Et qui porte le nom de pomme,
Pour activer notre foyer
En se servant de mon entier.

XXI.

Le vent qui vient de mon premier
Peut vous conduire à mon dernier;
Mais mon entier, c'est bien visible,
Veut qu'on lève le pied pour se rendre accessible.

XXII.

Autrefois, les triomphateurs
Montés sur mon premier, après une victoire,
A leurs concitoyens devenus spectateurs
Dans la ville montraient leur gloire,
Et par des coursiers indomptés,
Ils étaient souvent emportés.
Dans ces temps fort anciens j'admets que cet usage
Pouvait bien être mon dernier;
Mais à présent c'est mon entier
Qui tient lieu de cheval et même de courage.

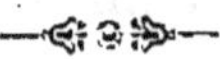

XXIII.

Souvent on n'a qu'un pain couleur de mon premier,
Et pour toute boisson mon modeste dernier,
Malgré le soin et le courage
Que l'on apporte à son ouvrage
En se servant de mon entier.

XXIV.

L'animal qui reçoit sur son dos mon premier
Fait sa boisson de mon dernier;
A ceux qui font glisser mon tout près du rivage
C'est aussi mon dernier que l'on donne en breuvage.

XXV.

Mon premier compte quatre pieds,
Mais il ne va que porté sur des roues;
On voyait autrefois d'intrépides guerriers
A son moyen courir plus vite que des roues,
Et tandis qu'ils sont emportés
Par ce rapide véhicule,
Ils frappent de tous les côtés
Sur un ennemi qui recule
Pour éviter quelque dur horion.
Un verbe auxiliaire, en sa conjugaison,
Pourra vous donner mon deuxième,
Et vous saurez que mon troisième
Est une préposition.
Mais à mon tout qui se devine,
Les gens d'esprit aiment à s'exercer :
Il se sépare, ainsi qu'une machine,
En fragments bien distincs qu'on cherche à replacer;
Mais souvent on se trompe, il faut recommencer,
Et quand on a trouvé, bien vite on s'en fait gloire :
On dit son mot, et l'on chante victoire.

XXVI.

Le malheureux malade, atteint de mon entier,
Est d'ordinaire mon dernier
Jusqu'à ce qu'il soit mon premier.

XXVII.

De mon premier la voix retentissante
Donne à l'air que nous respirons
D'innombrables vibrations;
Au firmament mon dernier nous présente
Mille dessins de diverses grandeurs
Enluminés de toutes les couleurs,
Et c'est dans mon entier que l'on voit le chimiste
Se mettre parfois à la piste
De quelque nouvel élément
Pour fabriquer le diamant.

XXVIII.

On voit, dans les jardins, bien souvent mon premier
Grimper le long de mon dernier,
Afin de ronger et détruire,
Du pauvre jardinier exciter le délire
Au point de lui donner quelquefois mon entier.

XXIX.

Rendez-vous à Calais, vous verrez mon premier
En même temps que mon dernier;
C'est un vieux port dont le mouillage
D'être mon tout a certes l'avantage.

XXX.

À mon premier souvent il va beaucoup de monde ;
C'est un lieu de plaisir et pourtant on y fronde,
Sans trop les ménager, les travers des humains ;
La critique y poursuit chaque femme à la ronde :
Les fleurs de celle-ci vont mal pour une blonde ;
L'autre a des diamants mais ils sont trop mesquins.
Dans le règne animal mon dernier prend sa place :
Quoique sa petitesse excite nos dédains,
Nous ne pouvons nier qu'il n'ait beaucoup d'audace,
Car il vit aux dépens de ses concitoyens.
Mon entier dans le nord occupe un grand espace ;
Son dos est quelquefois, en hiver, tout de glace,
Et quand vient la saison le pêcheur, en ses flancs
Prend, avec ses filets, des millions de harengs.

XXXI.

Nous nous réunissons pour prendre mon premier,
Et c'est presque toujours le soir qu'on se rassemble
Afin de le goûter tranquillement ensemble ;
Nous nous réunissons auprès de mon dernier,
Et c'est surtout le soir, au sortir de la table,
Lorsque l'on veut causer, qu'il est fort agréable ;
Nous nous réunissons enfin à mon entier,
Et c'est le soir encor qu'on a soin de s'y rendre
Pour goûter le plaisir qu'on se promet d'y prendre.

XXXII.

Les bonnes ménagères
Mettent souvent à leur doigt mon premier,
Et font, les vendredis, un mets de mon dernier
Qu'on va chercher dans les rivières;
Elles montrent surtout de l'assiduité
Pour qu'aucune de leurs affaires
Ne soit mon tout hors de nécessité.

XXXIII.

Sur mon tout, un auteur à la plume gaillarde
Se pose pour tracer quelque scène égrillarde
Où mon dernier toujours a son rôle bouffon,
Qu'il soit Frise-Poulet, ou Blaise ou Lagingeolle.
Pour mon premier il est, comme on dit à l'école,
Participe passé dans sa conjugaison.

XXXIV.

Sur mon premier n'allez pas vous asseoir
S'il se trouve mouillé par la brume du soir.
Evitez bien aussi, c'est le conseil des sages,
Lorsqu'il s'agit de biens ou d'héritages,
De vouloir être mon dernier.
Défaites-vous enfin de mon entier,
Que répandent souvent de funestes adages.

XXXV.

Mon tout en Amérique occupe un grand espace.
Ce n'était qu'un désert; mais depuis quelque temps
De tous les points du globe il s'y rend bien des gens
Auxquels l'amour du gain a donné de l'audace.
C'est mon troisième seul qu'ils désirent trouver,
Mais les déceptions tardent peu d'arriver.
Mon premier quelquefois forme tout leur salaire,
Encore bien heureux si la grande misère
Ne les fait arriver où mon second, planté,
Attriste les regards de la postérité
Et prouve que tous ceux qui par prudence extrême
Pour tout objet nouveau disent mon quatrième,
Sont plus qu'on ne le croit près de la vérité.

XXXVI.

Un officier marin placé sur son navire
Quand il sent le besoin d'écrire
Peut fouiller dans sa poche et prendre mon entier
Sur lequel il inscrit en forme de grimoire
Ce qu'il craindrait de perdre de mémoire.
Puis, il regarde en bas, s'il veut voir mon premier,
Et s'il lève les yeux il voit de mon dernier
L'emploi fait dans plus d'une pièce
Tantôt couchée et tantôt qui se dresse
De l'avant jusqu'au timonier.

XXXVII.

Mon premier est en or souvent représenté,
Il marque, en cet état, la souveraineté ;
Mais d'autres fois il est par sa blancheur extrême
De la candeur le doux emblème.
Mon second aime l'or et pour en obtenir,
Son lot étant de nous servir,
A du zèle parfois plus que la bienséance
Ne le permet à l'innocence.
En dernier lieu je dois vous dire encor
Que mon entier, illustre capitale,
Voit à ses pieds un fleuve qui s'étale
En roulant des flots d'or.

XXXVIII.

Avec beaucoup de mon premier,
On peut acheter mon dernier
Que l'on attache à la ceinture
Pour se donner l'air d'un guerrier.
Cet air, qui plaît à mon entier,
A, dans plus d'une conjoncture,
Suffi pour lui toucher le cœur,
Tant il est près d'elle en faveur,
Sans que mon premier intervienne,
Quoique fortement elle y tienne.

XXXIX.

Un homme, s'il est mon premier,
Ne mérite pas confiance,
Mais quand il n'est que mon dernier
Ayons pitié de sa souffrance.
Quand un cheval est mon entier
Je vous conseille la prudence.

XL.

Si mon premier manquait dans votre bourse
Pour calmer votre soif en ce cruel moment,
Employez mon second, plongez-le dans la source
Et vous y puiserez un utile élément.
Mon tout pourrait aussi vous rendre ce service
Mais ce n'est pas là son office,
Car il sert ordinairement
De piédestal au précédent.

XLI.

Quand on joue avec mon premier,
Le hasard seul nous favorise.
Lorsque l'on joue à toucher mon dernier
Pour réussir il faut bien que l'on vise.
Quand on joue au théâtre et que c'est mon entier,
Il faut du naturel, sans quoi l'on vous méprise.

XLII.

Vous voyez mon premier occuper deux emplois,
L'un est fort agréable et le place parfois
Dans un orchestre où sa voix éclatante
Fait le charme des amateurs.
Son autre fonction est bien moins séduisante :
Car, jamais à l'esprit elle ne nous présente
Que des souvenirs de douleurs.
Pour mon dernier le goût partout n'est pas le même,
Dans la Gascogne avec ardeur on l'aime,
Et beaucoup de gens de Paris
N'y goûteraient pour aucun prix.
C'est dans la mer que mon entier habite
Et quoique le marin avec grand soin l'évite,
Il n'est pas, tant s'en faut, dépourvu d'agréments,
Puisqu'on en fait de jolis ornements.

XLIII.

Un professeur de chant dit souvent mon premier
A son élève qui solfie;
Et c'est dans la géographie
Que l'on peut trouver mon dernier
Parmi les rivières de France;
Enfin, tout le bonheur qu'éprouve un héritier,
C'est de posséder mon entier
Et d'en avoir la pleine jouissance.

XLIV.

Mon premier est formé du règne végétal,
A plusieurs animaux il sert de nourriture;
Mon second appartient au règne minéral,
Il est très-répandu dans toute la nature;
Mon troisième est classé dans le règne animal,
Des chasseurs, des pêcheurs en ont fait leur pâture;
Mon tout est adjectif; jamais on ne fait mal
S'il fixe notre choix en toute conjoncture.

XLV.

On peut dire que mon premier
Ne vaut pas plus de cinq centimes,
Tandis qu'on voit des dévoûments sublimes
Dans ceux qui sont voués à mon dernier;
Car, à la foi qui les inspire,
Il faut beaucoup de mon entier :
Souvent, hélas! ils souffrent le martyre
Dans ce lointain et trop rude métier.

XLVI.

Dans mon premier cuit notre nourriture,
On se fait des habits en prenant mon dernier.
Un cheval n'a jamais qu'une bien triste allure
S'il est atteint de mon entier.

XLVII.

Quand on veut avoir mon premier,
On va le chercher dans la terre
Et quelquefois dans le fumier,
Puis on le jette à la rivière;
C'est ainsi qu'il est nécessaire
Pour un usage qui sait plaire
Et nous sert de distraction.
Au temps où la dévotion
Plus qu'à présent était d'usage,
Plus d'un chrétien alla prier
Sur le mont qui fait mon dernier;
On allait en pèlerinage
Dans ce pays fort éloigné,
Aujourd'hui presque abandonné.
Quand nous étions à ce bel âge
Où du latin, comme écolier,
On fait encor l'apprentissage,
Trop souvent pour nous ennuyer,
Le professeur de ce langage.
A puisé dans plus d'un ouvrage
De quoi lui faire mon entier.

XLVIII.

Les morsures de mon premier,
Les tristes sons de mon dernier,
Justes sujets d'effroi pour tous les hommes,

Viennent souvent, sots que nous sommes,
De ce que nous voulons marcher imprudemment
Sur mon entier, qui toujours est glissant.

—❧—

XLIX.

Dans ce que vous entreprenez
Que mon premier, sur ses trois pieds,
Constamment vous serve de guide,
Quoique sa loi, souvent, paraisse trop rigide ;
Car, sans lui rien n'est vraiment beau
Témoin quelque joli tableau
Imitant très-bien la nature :
S'il n'a pas certaine facture
Il ne plaît pas entièrement.
Mon second sert à compter les années
Qui déjà se sont écoulées
A partir d'un commencement
Qu'il exprime ordinairement,
Et que toujours on détermine
En ajoutant un adjectif,
Ou bien quelque autre explicatif.
Lorsque nous avons bonne mine
A mon entier nous le devons ;
Car c'est lui qui, je crois, amène la peinture
Qui se met sur notre figure,
Chaque fois que nous rougissons.

—❧—

L.

Mon premier partout est vanté
Pour sa parfaite transparence;
Mon dernier, avec soin, est toujours apprêté
Pour faire des tissus d'une grande élégance.
Mon tout peut faire concurrence
A mon premier pour la limpidité,
On ne cherchera pas à le nier, je pense,
A moins que l'on ne soit frappé de cécité.

LI.

Quand on habite mon entier,
Qui d'ordinaire est voisin du grenier,
Et qu'on s'y met beaucoup ensemble
Réunis à peu près comme dit mon dernier,
On s'expose souvent à gagner mon premier;
C'est une maladie, ou bien il y ressemble,
Car on s'adresse aux médecins,
Qui sans manquer, vous ordonnent des bains.

LII.

Dans sa toilette on voit l'homme élégant
Porter mon tout et derrière et devant
Et pourtant il a d'ordinaire
Mon premier, mon second seulement par derrière.

LIII.

Mon premier a le don de charmer les oreilles,
Qu'il soit octave ou tierce il produit des merveilles
Quand il arrive en sons harmonieux.
Mon second qui, parfois, fait aussi des heureux,
Provient des végétaux et leur donne naissance :
Il procure au palais certaine jouissance.
Mon entier, moins flatteur, ne fait pas d'envieux;
Comme les précédents il affecte la tête;
Mais il ne vient jamais que comme un trouble fête.

LIV.

Prenez un livre, un poète, Virgile,
Racine, Crébillon, Parny, Jacques Delille
Celui que vous voudrez, vous y verrez mon tout :
Il en fait la moitié bien juste;
C'est dans ce livre aussi que mon premier s'ajuste
En le remplissant jusqu'au bout,
Et mon dernier lui-même a l'avantage
De s'y montrer à chaque page.
Mais si mon tout est souvent répété
Mon premier, plus nombreux encore
Présente mon dernier qui chez lui s'incorpore,
En bien plus grande quantité.
Exercez maintenant votre sagacité.

LV.

Mon premier parfaitement roule
Et se dirige vers un fond
S'il est placé sur mon second.
Il importe que l'eau s'écoule
Sur ce qui couvre mon entier,
Aussi chaque fois qu'on le pose
Sans hésiter on le dispose
Comme l'indique mon dernier.

LVI.

Très-cher lecteur si vous preniez
Mon premier avec quatre pieds
Vous auriez ce qui passe, en France,
Pour l'emblême de l'espérance.
Les quatre pieds qui forment mon second
de leur côté vous donneront
Un fleuve qui coule en Espagne
Et qui s'étend fort loin dans la campagne
Avant de se rendre à la mer.
Et mon tout quoiqu'il soit aussi dur que le fer,
Est de la nature vivante,
Chaque espèce vous le présente
Dans les pièces de sa charpente,
En nombre bien déterminé
Et que plus d'un savant dans son livre a donné.

LVII.

Le tailleur et la couturière
Dans leurs outils ont mon premier;
Lorsque s'affaiblit la lumière
On voit arriver mon dernier.
Presque toujours le tonnelier
Quand il cercle un fût pour la bière
Fait usage de mon entier.

LVIII.

Quand l'âge est avancé, qu'il est pour une femme
Ce qu'on entend par mon entier,
Si la coquetterie a laissé dans son âme
Quelque rayon d'une dernière flamme,
Elle a recours à mon premier
Qui lui donne parfois certain air de jeunesse ;
Mais c'est bien peu pour masquer sa détresse;
Car il ne faut, pour que tout disparaisse,
Qu'une goutte de mon dernier.

LIX.

Mon entier forme une belle coiffure,
En double mon premier a toujours été mis
Par les tailleurs dans nos habits;
Mon second sert à notre nourriture
Et c'est dans les jardins qu'on en fait la culture.

—❧❧—

LX.

Autour de moi tourne Minette
Quand elle voit que je m'apprête
A lui donner de mon premier ;
Chaque soir je vois ma voisine
Qui, faisant tourner sa bobine
L'emplit en filant mon dernier ;
Quand on fait tourner mon entier
On peut réduire la matière
En poudre plus ou moins légère.

LXI.

Vingt-quatre frères au premier
Et seulement six au dernier :
On est mon entier entre frères
Quand on est loyal en affaires.

LXII.

Pendant les quatre semaines
Qui composent mon premier
On voit les âmes chrétiennes
A l'église aller prier.
Mon second est un liquide
Qui provient des animaux,
Et mon entier un solide
Dont on se fait des joyaux.

LXIII.

Avant que de se marier
Il faut qu'on ait fait mon premier,
Avant d'avoir le kilomètre
Les distances à reconnaître
S'annonçaient avec mon dernier :
De même avant d'entrer en ville
Que le chemin soit mauvais ou facile
Il faut traverser mon entier.

LXIV.

Mon premier occupe sa place
Dans deux associations,
Et l'une de ses fonctions
Au quatrième rang le place.
Ses autres attributions
Le font arriver au quinzième.
Quand nous approchons du carême
Souvent de maudits violons
Sur lesquels on fait mon deuxième
En produisant d'aigres flons-flons
Nous ont écorché les oreilles.
On nous raconte des merveilles
Des lointaines prévisions
De mon entier dont les leçons
Fixaient le sort des nations.

LXV.

A mon entier, plus d'une jeune fille,
En écoutant les gais flons-flons
Des flûtes et des violons,
Saute, va, vient et s'émoustille
En faisant tour à tour mon second, mon premier,
Et le spectateur qui l'admire
Pour exprimer ce qu'il veut dire
Prononce souvent mon dernier.

LXVI.

Sans être dévot mon entier
Se fait passer pour un saint homme,
S'il désirait voir mon premier
Il faudrait qu'il allât à Rome,
Il se rend chez le charcutier
Quand il veut avoir mon dernier.

LXVII.

Jadis un de nos rois, écrivant son distique
Au château de Chambord, y plaça mon premier ;
En ce beau lieu je pense, au temps où le froid pique,
Il a dû se chauffer auprès de mon dernier ;
C'est là sans doute aussi qu'une douce musique
Ou bien de Pisseleu quelque aimable réplique
Ont pu lui donner l'air qu'indique mon entier.

LXVIII.

Fourneau, chaudière, bac, mécanique, machine,
Eau, vapeur ou charbon présentent mon premier
Qui jamais, cependant, ne va dans une usine ;
Et chez la blanchisseuse on peut voir mon dernier
Qui n'est ni fer, ni drap, ni bas, ni mousseline.
La vache, le mouton, le bœuf, quand ils sont gras,
Conduits à mon entier s'aperçoivent, hélas !
Que tout ce qu'ils ont eu de bonne nourriture
De l'homme, en dernier lieu, deviendrait la pâture.

LXIX.

Remarquez bien que l'innocence
Par mon premier toujours commence,
Ayez soin d'observer aussi
Que c'est par mon premier qu'on termine l'ennui ;
Mais mon second est un acte coupable,
Il ne faut pas nous y fier,
Sans quoi le remords nous accable
Et nous prive souvent auprès de mon dernier
De cette douce quiétude
Qu'on y recherche après l'étude,
Surtout quand la froide saison
Nous le ferait trouver si bon.
Trop souvent par mon tout un veau d'or, une image,
Se sont vus honorés d'un sot et vain hommage.

LXX.

Mon premier vit dans l'eau, trotte dans le grenier,
Il a pu bien des fois fortement ennuyer
Nombre de gens qui font leur résidence
Dans certaine ville de France
Dont le nom forme mon dernier.
Pour que votre jardin ait un peu d'élégance
Il faut que votre jardinier
Fasse usage de mon entier.

LXXI.

La musique dans son langage
Se sert souvent de mon premier,
Toute boisson est hors d'usage
Quand elle devient mon dernier,
L'homme est obligé d'être sage
Quand il a reçu mon entier.

LXXII.

Mon premier est dans l'alphabet
Et mon second dans la musique,
Mon troïsième de lard se pique
Et puis à la broche se met.
Avec mon tout en épithète
Souvent on flatte la beauté ;
Mais une faveur si parfaite
Ne saurait convenir qu'à la divinité.

LXXIII.

Quand on habite mon dernier,
Ile appartenant à la France,
On peut aller dans mon entier
Prendre du bois en suffisance
Pour faire chauffer mon premier
Qui se voit chez le pâtissier.

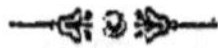

LXXIV.

Mon premier commence l'année,
Mon second se montre à midi,
On fait une bonne journée
Lorsque l'on possède un ami
Et qu'il vous offre mon troisième ;
Car, dit-on, les petits présents
Conservent les bons sentiments.
Dans la toilette, ce que j'aime,
C'est que mon tout, bien apprêté,
Donne au linge la fermeté
Avec cette blancheur extrême
Que demande la propreté.

LXXV.

Dans le mot écurie on trouve mon premier,
Le garçon d'écurie a deux fois mon dernier,
C'est l'écurie, enfin, qui loge mon entier.

LXXVI.

Vous savez bien qu'un roi de France,
Père des lettres surnommé,
Dans un distique renommé
Écrit en style de sentence
Avait fait entrer mon premier.
Vous savez qu'un dieu de la fable
Était épris de mon dernier
Qui se logeait dans une étable.
Sachez aussi que mon entier
Aux comptables est nécessaire,
Qu'il est d'un usage fréquent
Aux bureaux d'enregistrement
Et que l'imprimeur doit le faire.

LXXVII.

Un catalogue de libraire
Sur deux pieds offre mon premier,
A trois, nous voyons d'ordinaire
Mon second dans un chansonnier.
Les quatre pieds de mon dernier
Nous indiquent ce qu'il faut faire
D'un sermon quand on monte en chaire.
L'homme qui s'est fait mon entier
Irait en vain chez le notaire,
Il ne peut traiter nulle affaire.

LXXVIII.

Un opéra finit par mon premier,
Mon second, mon troisième y jouent aussi leur rôle
En accompagnant la parole.
L'homme orgueilleux veut être mon entier :
Alexandre le grand avait cette faiblesse ;
Mais si d'un tel hommage on doit être flatté,
Ce n'est qu'à la divinité
Que tout esprit juste l'adresse.

LXXIX.

Lorsque vous faites mon premier,
Malgré le plaisir qu'il procure
Gardez une juste mesure,
Comme l'indique mon dernier,
Dont le conseil est toujours salutaire,
Sans quoi votre santé s'altère ;
Mais s'il s'agit de mon entier,
C'est un attribut du métier
De blanchisseuse ou de lingère.

LXXX.

Mon premier comme mon entier
Quoiqu'ils soient portés par des roues
Sont quelquefois salis de boues
Qu'ils ramassent dans mon dernier.

LXXXI.

Dans le café vous trouvez mon premier
Et l'on peut faire un repas délectable
Lorsque l'on est auprès de mon dernier
Et que l'on voit paraître sur la table
Quelque tendre filet nourri dans mon entier.

LXXXII.

Mon premier termine un pari,
A table on trouve mon deuxième,
Quand d'un fût le vin est tari
Il y reste encor mon troisième.
Parfois un pécheur repentant,
Pour soulager sa conscience,
A mon entier se transportant
Va demander quelque indulgence.

ÉNIGMES.

I.

Aussi léger qu'un papillon,
Aux dames j'ai su plaire ainsi qu'aux demoiselles ;
Quand nous sortons de la maison,
Vous me voyez voltiger autour d'elles.
Je suis du sexe masculin ;

Mais j'ai des sœurs, qui, sans être volages,
Accomplissent de grands voyages,
Et parviennent, par ce moyen,
A se faire aimer du marin.
On me connaît encore un frère,
Et je pourrais, sans vanité,
Soutenir qu'à l'humanité
Il sait se rendre nécessaire :
Il n'aime pas à se montrer,
Et cependant, chose extraordinaire,
C'est toujours au palais qu'on peut le rencontrer.

II.

Quand on veut avoir de l'eau claire
Ou voir une belle lumière,
On m'éloigne d'où je me mets.
Parfois, pourtant, je puis le dire,
Il arrive qu'on me désire,
Car, à la table des gourmets,
Sous plusieurs formes je parais ;
Et, quand au bois on se promène
Pendant les chaleurs de l'été,
On peut s'asseoir au pied d'un chêne
Où j'offre un siége velouté.
Mais il importe que l'armée
Qui doit vaincre dans la Crimée
Ait des armes de bon aloi,
Des sabres autrement que moi.

Il faut aussi que notre flotte,
Pour pousser au Russe une botte,
Ait des marins plus aguerris
Qu'en vérité je ne le suis.
Enfin, pour donner plus de force
Aux traits que je vous ai soumis,
Sachez que je viens de la Corse
Pour combattre vos ennemis.

III.

Lorsque je suis à la campagne
Le laboureur et sa compagne
Mettent grand soin à ramasser
Tout ce qui pourra m'engraisser.
Ceci n'a, certes, rien d'étrange,
Car c'est moi qui remplis la grange ;
Moi qui permets d'avoir du pain ;
Moi qui nourris la vache et le lapin.
Mais lorsque j'habite la ville,
Je remplis d'autres fonctions :
On m'entend dans tous les flons-flons
Qui font sautiller à Mabille.
Les spectacles et les concerts
A ma voix sont toujours ouverts,
Et si leur accès m'est facile,
C'est que j'ai su flatter parfois
Même les oreilles des rois.

IV.

Je suis bien moins diable que noir,
Car jamais, je le crois, je n'ai tenté personne :
On a trop peu de plaisir à me voir,
Et pourtant ma présence à quelque chose est bonne :
Ainsi c'est moi qui sers le plus communément
Pour préparer un aliment ;
Je donne à l'eau que l'on met sur la table
La pureté qui la rend agréable.
N'allez pas croire cependant,
Que je sois occupé simplement de cuisine,
On peut me voir à l'officine,
On peut me rencontrer même dans une usine.
Si l'on me reprochait d'être né dans les bois,
Et dans des souterrains de me cacher parfois,
Je répondrais pour ma défense
Que dans les arts et la science
On me traite comme un ami ;
Mais je dois avouer ici
Que si je prends quelqu'un en haine,
Il n'échappe à la mort qu'avec beaucoup de peine.
Pour en finir enfin, sachez, mon cher lecteur,
Que, quand on a voulu parler de mon mérite,
On m'a qualifié de mauvais conducteur,
Et pourtant avec moi vous voyagez fort vite.

V.

Pendant que je suis en veine
Il faut vous parler de moi,
Et je jure sur ma foi
Que je n'aurai pas de peine.

J'ai beaucoup de fonctions,
D'abord, la plus importante,
C'est qu'en vos affections
Mon influence est constante.

Je rends quelquefois brutal,
Ou courageux, ou féroce ;
Sans moi le plus beau cheval
N'est estimé qu'une rosse.

Vous n'aimez pas à me voir ;
Et pourtant, sans ma présence,
Vous perdriez tout espoir
De garder votre existence.

Je la soutiens autrement,
En venant, sur votre table,
M'offrir en mets délectable
A l'estomac du gourmand.

C'est avec moi qu'on prépare
Un engrais des plus fameux
Et, chose encore plus rare,
Un condiment précieux.

Mais j'excite votre rire
A force d'en vouloir dire,
Car vous me connaissez tous,
Puisque je reste chez vous.

VI.

Je ne suis point un puits, pourtant on m'a creusé ;
Je ne suis pas jambon et l'on s'est avisé
De me fumer. Enfin, pour que l'on me devine,
Je vais vous dire encor que sans être cheval
Je suis bridé, que je chemine.
Certes, pour me trouver, vous n'aurez pas de mal.

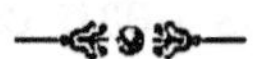

VII.

On me voit dans les camps et j'y fais mon office.
A la caserne aussi j'accomplis mon service ;
Je commande et l'on doit s'empresser d'obéir.
Ce poste glorieux excite mon courage.
Dans la rue, à Paris, j'en fais un autre usage :
Mais, avec celui-là, si je puis obtenir
L'argent dont j'ai besoin, il n'a rien pour la gloire.
Enfin de chute en chute, on a peine à le croire,
Je passe entre les mains d'un modeste artisan
Qui de me ménager est fort peu partisan.
Il place dans mes bras des bois à mettre en presse,
Et pour que je les serre il me frappe sans cesse.

—◆—

VIII.

Avec de bonnes dents je suis sobre à l'extrême,
Car jamais je ne touche au pain ;
Je ne bois pas non plus de vin :
Les légumes sont ce que j'aime ;
Mais j'ai soin de les épargner,
En réservant pour mon usage
Les plantes que je vois par d'autres dédaigner.
En agissant ainsi ma conduite est fort sage,
Et si je faisais autrement,
On s'en plaindrait assurément.

IX.

Dans l'univers j'occupe une étendue immense,
Et ce qui peut étonner tout à fait,
C'est qu'autrefois je pris naissance
D'une seule goutte de lait.
On dit communément lorsque je suis étroite
Que je procure le bonheur,
Et qu'au contraire, avec trop de largeur
Je pronostique la douleur.
Ordinairement je suis moite
Et dans plusieurs occasions
En exerçant mes fonctions
Je contribue au maintien de la vie.
Je suis, en outre, un terme de chimie
Aussi bien que de vénerie.
Il est arrivé plusieurs fois

Que j'étais faite uniquement de bois ;
Mais on m'a composée avec d'autre matière
Telle que le fer ou la pierre.
Bien que souvent je sois un très-pesant fardeau,
Ce n'est qu'avec moi qu'on va vite,
Et le marin me redoute et m'évite
Lorsque, pourtant, je ne suis que de l'eau.

X.

Comment me définir, mes hautes destinées
Ont bien grandi depuis quelques années ;
A Londres, à Paris, j'ai fait des stations
Qui mettaient en émoi toutes les nations :
C'est que chez moi se trouve en effet réunie
Une collection des efforts du génie :
Science, agriculture et machine à vapeur ;
De leurs plus beaux produits je donne la primeur.
J'ai montré des tableaux et de la statuaire,
Tout ce qu'il a fallu pour plaire
Et j'habitais alors de splendides palais.
Je dois vous dire tout, il est une industrie
Dans laquelle je suis couvert d'ignominie,
En mettant sous vos yeux toute l'abjection
De quelque acte diabolique
D'une funeste passion ;
Mais d'aucun faste alors je ne me pique
Et je reste humblement sur la place publique.
Trop souvent je présente un malheureux enfant

Que sa mère abandonne, ou bien quelque parent
Qui vient de finir sa carrière.
Dans l'église, parfois, j'invite à la prière
Et surtout au recueillement
Que doit nous inspirer le Dieu du firmament.
Enfin il est grand temps, lecteur, que je termine,
Et si j'ai fait, du mot qu'il faut que l'on devine
Une bonne application,
Je n'aurai pas failli dans ma narration.

XI.

Mes fonctions sont bien nombreuses ;
Je vous aide dans vos repas,
J'offre une station qu'on ne dédaigne pas
Quand on parcourt les montagnes neigeuses.
J'évite à l'écrivain comme au simple lecteur
Bien des recherches ennuyeuses.
A l'astronome observateur,
Des astres et des nébuleuses
Je donne tous les mouvements ;
C'est moi qui rends harmonieuses
Les voix de plusieurs instruments
Fort estimés dans la musique.
On remplit, près de moi, dans la religion,
Un acte de dévotion
A Pâques surtout en pratique.
On me prend pour écrire, on m'utilise au jeu.
Autrefois chez le peuple Hébreu

J'avais été mis en usage
Par un législateur fort sage,
Et c'est moi qui reçois, en dépôt, chaque nuit,
Ce qui, quand on le garde, à votre sommeil nuit.
A ces professions toutes matérielles
On en a récemment ajouté de nouvelles
Dont jai dû très-fort m'étonner
Attendu qu'elles sont tout à fait spirituelles,
Et c'est en me faisant tourner
Que sans me tromper je révèle
Par des moyens qu'on ne peut définir,
Puisque je manque de cervelle,
Le passé, le présent et même l'avenir.
Mettez pourtant de la prudence
A vous servir de ma science,
Car avec moi quelques maris,
Sans le vouloir, ayant appris
De leur moitié certaine inconséquence,
(Je dis tout en conscience,)
Auraient mieux fait pour leur tranquillité
De conserver la pleine confiance
Dans laquelle ils étaient sur sa fidélité.

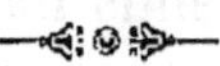

XII.

Un duelliste est redouté
Lorsque du mot qu'avec *bonne* j'exprime
En s'exerçant au jeu d'escrime
Il s'est acquis la qualité.
Le marin contre moi tempête

Lorsque je viens dans la tempête
Contrarier la manœuvre du bord
Dans laquelle il a mis son plus puissant effort.
Le tisserand trop souvent se dépite
Quand il n'a pu travailler assez vite
Attendu que mes fils n'étaient pas démêlés
Et qu'avec son patron il craint des démêlés.
Il faut en dernier lieu pour que je sois habile
A l'accomplissement de mes nombreux travaux
Qu'on m'ait trempée ainsi qu'on le fit pour Achille,
Si ce n'est dans le Styx, au moins dans d'autres eaux.

XIII.

Je suis d'une forme allongée
Et bien souvent on m'a logée
Dans un certain petit endroit
De longueur raisonnable et beaucoup plus étroit.
J'ai la prétention d'être aux dames utile,
Sans mentir, toutes à peu près
Loin de me taxer de futile
A mon labeur trouvent quelques attraits.
On m'a souvent mise entre deux colonnes,
Quand on voulait m'utiliser,
Et l'on me faisait balancer
En présence de deux personnes ;
Mais je ne puis vraiment être bien en ce lieu
Qu'en gardant un juste milieu.
Je suis, on en convient, une fort belle pièce

Qu'on ne saurait voir sans émotion
Lorsque vers le ciel je me dresse ;
Dans mon espèce, aussi, voit-on
(Véritable sujet d'envie)
Que j'attire invinciblement
Comme le ferait un aimant,
Je fais encor le charme de la vie
En disant : messieurs, garde à vous,
Courez vite voir votre amie
Voici l'heure du rendez-vous.

LOGOGRIPHES.

I.

Avec sept pieds je suis un vêtement,
Et quand j'en ai six seulement
Je donne ce que l'on désire
Au piquet, lorsque l'on aspire
A compter quelque joli coup.
Avec cinq pieds on m'estimait beaucoup
Au bon temps où la loterie
Venait exciter notre envie.
Je suis souvent, à quatre, accusé de noirceur ;
A trois, je peins les cieux de toutes les couleurs ;

A deux, en apostrophe, à l'objet que l'on aime
Je procure un plaisir extrême.

II.

Avec quatre pieds, j'ai cinq doigts,
Et j'en compte huit avec trois.

III.

Lecteur qui me cherchez, je suis bien près de vous;
Prenez donc votre temps, méditez à votre aise :
Mon destin veut que je me cache à tous,
Il le faut pour que je vous plaise;
Mais c'est comme à collin-maillard :
On se dissimule avec art
Tout en aidant un peu celui qui veut nous prendre;
Aussi je vais, cher lecteur, vous apprendre
Que j'ai dix pieds, mais que sept seulement
Sont bien assez pour que je marche
Sans m'arrêter un seul moment;
Qu'à cinq je peux montrer ce que Noé dans l'arche
A dû voir bien certainement,
Quand il a renfermé le tortueux serpent;
Ce qu'on désire au bout de son voyage
Et que l'on veut se reposer;
Un double organe, attribut du bel âge,
Et qui donne à l'objet que l'on veut épouser
Un des attraits qui font qu'on l'aime davantage;

Je vous présente encore un fruit
Que la belle automne mûrit,
Dont nous préparons un breuvage,
Et que l'on peut manger cru comme cuit;
Avec quatre pieds je vous livre
Ce que l'on doit faire d'un livre,
Une case où l'on va pour voir les opéras,
Un être tout imaginaire
Et que les enfants n'aiment pas;
Une graine fort nécessaire
Dont on fait d'excellente bière:
L'instrument où cuit le beefsteak;
Un mot qui dit ce qu'il faut être
Avec les gens auxquels nous devons du respect;
Un jour passé; trois pieds vous donnent l'être
Qui dirige un gouvernement,
Et l'animal qui fournit l'instrument
Dont nous nous servons pour écrire;
Un terrain d'eaux environné;
Ce qu'on a recueilli quand on a bien glané;
Devinez-moi, c'est tout ce que j'avais à dire.

IV.

J'ai sept pieds et vraiment
Ce n'est pas trop, car je marche souvent.
Je pars chaque matin pour commencer ma ronde
Et je connais beaucoup de monde.
Il est des gens que tous les jours je vois

Et d'autres où je vais une ou deux fois par mois,
Et même moins. Partout où l'on m'invite
Je fais exactement
Une courte visite.
Et si vous arrangez mes sept pieds autrement
Je suis encore actif; mais d'une autre manière,
Je le suis, dans cet état-là,
Pour le marchand qui me créa.
Avec un pied de moins, de moi vous pouvez faire
Certain artiste qui, pour plaire,
N'a pas besoin de pinceau ni d'archet.
Otez un pied encore
Et j'offre, avec un *autre trait,*
Ce que le géographe adore,
Une peuplade au teint bruni,
Un petit quadrupède
Qui nous donne bien de l'ennui,
Et contre le *spleen* un remède.
Réduit à quatre pieds
Je présente l'arène
Où des jockeys se mettent hors d'haleine
Sans jamais user leurs souliers.
Ce qui fait distinguer un homme
Par le naturaliste ou bien par ses amis,
Un organe caché que rarement on nomme,
Ce que fait un huissier, ce que fait un commis,
Ce que désire le vicaire.
Lorsque j'ai trois pieds seulement
En moi l'on trouve un sol, un élément,

L'objet où l'on conserve et le vin et la bière,
L'endroit où nous marchons, un petit animal,
Un terme de meunier, un utile métal
Et ce qui, dans ma pièce, était bien nécessaire,
Si j'ai pu, cher lecteur, réussir à vous plaire.

V.

Si vous m'avez sur mes six pieds,
C'est que vous n'avez rien à faire,
Quelquefois vous vous ennuyez,
Je vais tâcher de vous distraire.
Avec cinq pieds j'ai quatre mains ;
A quatre je garde les grains;
Je viens quand le soleil se couche,
C'est moi qui suis cause qu'on louche
Quand je suis placé de travers.
Je dors tout le temps des hivers;
A trois pieds c'est moi qui vous porte,
Moi que l'on affiche à la porte,
Moi qui tiens le gouvernement,
Qui marque le contentement.
A deux, un métal qui vous tente
Et ce qui fait votre charpente.

VI.

Avec sept pieds je suis dépourvu de gaîté.
A six j'ai de l'humidité.

Avec cinq je marque la place
D'objets différents que l'on classe.
Un titre qui, souvent, se met avant le nom,
Une véritable *rusée*
Qui perdant une jambe, amène une *risée*.
J'indique à quatre une action
Où l'on peut attraper quelques coups de bâton,
Un corps de couleur du charbon,
Le mot qu'il faut le premier dire
Quand on parle au chef de l'empire,
Le nom d'un ancien officier
Que David, sans scrupule, a fait sacrifier,
Ce qui sert au renard et qui manque à la buse,
Ce que devient une chose qui s'use,
De l'oseille la qualité.
A trois, ce qu'est un vin gâté,
Un mot qui marque la colère,
Ce qui fait ordinairement
Qu'un objet n'est plus nécessaire,
Ce qui donne à nos traits l'air du contentement,
L'endroit où toujours communique
La façade d'une boutique.
Avec un pied de moins deux notes musique.

VII.

Dans mes sept pieds vont les bêtes à laine ;
Parfois dans les quatre premiers
On voit courir à perdre haleine
Des animaux avec leurs andouillers :
Souvent aussi dans mes quatre derniers,
Pendant toute leur vie on laisse
Des bêtes de plus d'une espèce.

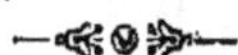

VIII.

Vous m'épelez à trois pieds seulement
Comme l'animal qui me mange,
Et ce qui va paraître étrange,
On en voit trois pareillement
Au petit fruit d'où l'on me tire,
A l'objet qui l'a renfermé,
Même au terrain que l'on avait semé
Pour en avoir : je puis encor vous dire
Que si l'on me trouve léger
Mon frère l'est bien davantage ;
Il ne se plaît qu'à voltiger
Et se met toujours en voyage
Sur les ailes d'un élément
De trois lettres également,
Enfin mon frère, le troisième,
Bien souvent se montre lui-même

Sur un monticule établi,
Dont le nom est formé de trois lettres aussi.

IX.

Sur mes cinq pieds je garnis votre face ;
A trois, de vos terrains j'indique la surface ;
J'habite le liquide amer ;
Je soutiens un vaisseau qui se lance à la mer.

X.

Lecteur, en tout j'ai six pieds ;
On m'accuse de médire ;
Mais, pour que vous en jugiez
Et que vous me composiez,
Je vais simplement écrire
Tous les mots que l'on en tire :
A tes rets se rat ira
Sire rate aise sera
Si sa te rase tas site
Ta rit est ris et tir rite
Tire raie as art serait
Ter are rais tare ire ait
Esta tari ras sait aire
Sert ais étai tira taire.

XI.

J'ai six pieds, c'est peut-être trop
Puisque je ne suis pas utile;
Tout au contraire, à cinq, je n'ai rien de futile;
Ou bien, pour m'accomplir, on se met au galop.
On me rencontre encor sur les toits d'une ville,
Et l'on peut me trouver enfin
Dans les mains d'un musicien.
Ce que font certaines étoiles
Je le dis avec quatre pieds;
A trois, ce qu'il faudrait d'abord que vous eussiez
Si vous étiez un fabricant de toiles;
Ce qui fut découvert par plus d'un grand marin;
Ce qui renferme notre vin,
Et bien souvent la chose unique
Que l'on fasse d'une supplique;
A deux pieds je vous donne enfin
Un arbre vert, un terme de musique.

XII.

Un mot décent de trois lettres.

Air : *du Pas redoublé.*

Je chante un célèbre sujet
Fort utile en ménage,
Dont chaque jour, avec attrait,
On fait beaucoup usage.

Pour l'avoir on peut s'imposer
 Les plus grands sacrifices,
Et l'on va jusqu'à s'exposer
 Aux plus cruels supplices.

En voici la description :
 Produit de la nature,
Et dans sa disposition
 D'agréable structure,
On y distingue deux côtés
 De forme symétrique,
Et jusqu'à ses extrémités
 L'un à l'autre s'applique.

De ces côtés la jonction
 Est longitudinale,
Et dessine un petit sillon
 En ligne verticale ;
Puis un agréable duvet
 Couronne cet ouvrage ;
C'est d'ailleurs un petit objet
 Fort connu de tout âge.

Du ciel c'est un précieux don
 Qui, dans son sein, renferme
Tout pour la reproduction,
 L'aliment et le germe ;
Par malheur un jour s'il manquait,
 Tout aussitôt la terre

D'habitants se dépeuplerait,
Tant il est nécessaire.

Trop souvent pour un gain honteux,
Tout sert dans ce bas monde,
Sur cet objet si précieux
Un vil trafic se fonde;
C'est en vain que la nation
D'une voix unanime
Blâme la spéculation,
Et l'assimile au crime.

Du sujet qu'ici je décris,
Tout homme, s'il est sage,
Doit s'occuper dans son logis,
Quand il est en ménage;
Mais souvent il s'amuse ailleurs,
Et sa conduite infâme
Laisse tous les jours dans les pleurs
Sa malheureuse femme.

Objet d'un besoin véhément,
La femme encor modeste
Lui préfère bien rarement
La pudeur qui lui reste :
Elle écoute l'homme opulent
Qui prêche l'inconduite,
Et sans peine, par le galant,
La pauvrette est séduite.

Quel est donc l'objet excellent
Qui si fort intéresse,
A l'homme privé de talent
Procure une maîtresse?
Son nom par trois lettres s'écrit,
Et je me plais à croire
Que chacun devine, et se dit :
Du . . . c'est bien l'histoire.

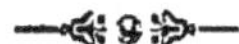

XIII.

Un mot décent de quatre lettres.

AIR : *du Pas redoublé.*

Je chante un petit instrument
Qui nous sert en ménage ;
Il met dans le ravissement
Quiconque en fait usage,
Que de gens disent pour prouver
Son mérite notoire,
Qu'ils pourraient pour lui se priver
De manger et de boire.

En voici la description :
Il représente, en somme,
La forme d'un petit bâton
Accompagné de pomme ;
On y voit intérieurement
Une étroite ouverture

Donnant passage à l'élément
Du plaisir qu'il procure.

Ce petit objet favori
Qui de bonheur transporte
Est l'apanage du mari
C'est lui seul qui le porte :
La femme honnête, à ce sujet
Avec grand soin s'observe,
Et n'en discute pas l'attrait
Sans beaucoup de réserve.

Comment opère cet agent?
Le dire m'intimide :
C'est tout d'abord en se logeant
Dans une fente humide;
Celle-ci le reçoit gaîment
Tant il est agréable,
Et dans un doux chatouillement
Trouve un charme ineffable.

A peine éveillé le matin,
Avant tout autre ouvrage;
On prend cet objet à la main
Pour le mettre en usage;
Le jour il sert plus rarement,
C'est quand la nuit arrive
Que pour ce divertissement
L'ardeur est la plus vive.

En hiver, pour se réchauffer,
Rien n'est plus salutaire ;
En été, dût-on étouffer,
Rien ne peut en distraire ;
Quelquefois plus que de raison,
Ou par fanfaronnade,
On se livre à sa passion
Jusqu'à tomber malade.

On voit trop souvent des maris
Que ce plaisir entraîne,
Laisser toute seule au logis
Leur femme dans la peine ;
Ne méritent-ils pas vraiment
Que de ses droits jalouse,
Entre les bras d'un tendre amant
Se console l'épouse ?

Quel est donc l'objet excellent
Qui si fort intéresse,
D'un mari fait un cerf-volant
Et met dans l'allégresse ?

Par quatre lettres il s'écrit,
Et je me plais à croire
Que l'on voit dans ce que j'ai dit
De la .... l'histoire.

Une dernière Enigme.

J'ai parfois la peau basanée
Ou d'un beau noir de cheminée ;
Mais il arrive assez souvent
Que je l'ai blanche ou d'un rouge éclatant.
La propreté me va ; toute personne honnête
Doit chaque jour veiller à ma toilette ;
Il faut avouer cependant
Que dans la classe malheureuse,
Et de propreté fort douteuse,
De mon défaut de soins j'ai quelquefois rougi,
Et je dois confesser aussi
Que si, sans y penser, parfois je me présente
Un peu sale dans les salons,
Et craignant qu'à l'envers on ne me complimente,
Je tourne bientôt les talons ;
Car c'est surtout en ce lieu que je brille,
J'y parais avec des rubans
Ou des dessins faits à l'aiguille ;
Mais un de mes beaux ornements
Consiste à percer mes oreilles,
Afin d'étaler les merveilles
Des métaux et des diamants.

FIN.

Ouvrages du même auteur

QUI SE TROUVENT

à la Librairie MALLET-BACHELIER, quai des Augustins, nº 15, à Paris,

ET A ÉTAMPES, CHEZ LES LIBRAIRES.

Sténarithmie *ou* **Abréviation des Calculs**, complément indispensable de toutes les arithmétiques, contenant des simplifications pour toutes les opérations; un système de vérification plus simple que la preuve par 9; des préceptes pour les calculs de tête, et une foule de faits curieux. — 1 vol. in-12..... 1 fr.

Ce livre a été vivement recommandé par la Société des Instituteurs et des Institutrices du département de la Seine.

Sténographie, réduisant l'écriture à un sixième; méthode très-facile, avec 2 planches. — In-12...................... 1 fr.

Pour paraître prochainement :

Observations sur quelques lois de l'Astronomie, ouvrage communiqué à l'Académie des Sciences, dans sa séance du 22 septembre 1856.

Traité de Versification, donnant une théorie nouvelle, complète et raisonnée de la rime; une description de toutes les espèces de poëmes anciens et modernes, et une histoire succincte des progrès de l'art poétique en France.

Essai sur une nouvelle notation de la Musique, qui permet de supprimer les dièzes, les bémols, les béquarres et les clefs, sans altérer les règles de l'harmonie.

Ce travail a été approuvé par une commission composée de MM. Lunel, Zimmermann et Gross, dans un rapport très-développé qu'ils avaient été chargés de rédiger.

Étampes. — Impr. de Aug. Allien.

www.ingramcontent.com/pod-product-compliance
Lightning Source LLC
Chambersburg PA
CBHW051743090426
42738CB00010B/2401

* 9 7 8 2 0 1 2 7 3 9 2 1 5 *